감정 어휘

감정 어휘

유선경 지음

모호한 감정을 선명하게 밝혀

내 삶을 살게 해주는 말 공부

앤의
서재

내 감정에
알맞은 어휘를

붙여주는 일

마음이 길을 잃고는 한다. "나도 내가 왜 이러는지 모르겠어.", "내가 뭘 원하는지 모르겠어.", "어떻게 해야 좋을지 모르겠어.", "내가 어떤 사람인지 모르겠어." 나아가 이런 생각으로 괴로운 이도 있을 것이다. "나는 왜 내가 원하는 것을 얻지 못하지?", "나는 왜 행복하지 않지?"

우리가 살면서 몇 번쯤이고 자문하는 앞서의 질문들은 사실상 '감정'에 대한 물음이다. "네 마음이 어때?"라는 질문보다 "네 감정이 어때?"라고 묻는다면 희미하게나마 가닥을 잡는다. 그러나 쉽게 답하지 못할 것이다. 당연하다. 우리는 오랫동안 '감정'을 깊숙이 파묻고 '이성'이라는 널빤지로 못을 쳐놓고 살았다. 아무 도움이 되지 않는다고 버려야 한다고까지 세뇌 받았다. 감정은 숨기고 다스리고 제어해야 할 작은 악마 같은 취급을 받았다.

이러는 동안 우리가 잃어버린 것은 자기 삶의 나침반이다. 자신의 감정을 '좋다', '싫다', '나쁘다' 정도로 뭉뚱그리지 않고 기쁨, 슬픔, 분노, 증오, 불안, 기대, 신뢰, 놀람 등으로 구별하고 그에 알맞은 어휘를 붙여 불러주는 것만으로도 마음이 안정되고 후련해진다. 나아가 나침반이 되어 앞으로 가야 할 길을 알려준다. 각각의 감정은 내 인생의 징후이며 각기 다른 해석과 해결 방법이 있기 때문이다.

'가렵다'와 '간지럽다'를 구분하지 못하겠노라 했던 지인이 있었다. '간지럼'이 뭔지 모르냐고 물었더니 아는데 그게 '가려움'과 어떤 차이가 있느냐고 되물었다. 긁고 싶으면 가려움이고 웃기지도 않은데 웃음이 나면 간지럼이라고 답했던 것 같다. 간지럼을 타지 않는 사람도 있으니 딱히 맞는 답은 아니었다. 그런데 만약 이 둘을 구분하지 못하고 간지럼을 타는 사람을 박박 긁어주면 어떻게 될까. 반대로 가렵다는 사람한테 간지럼을 태우면 어떻게 될까. 감정에 있어 대표적으로 '슬픔'과 '분노'가 그러하다. 우리는 자신의 감정을 부지불식간에 스스로 속이고 왜곡한다. 여기에서 크고 작은 고통이 생겨나고 마음이 갈 길을 잃어버린다.

감정에는 선도 악도 없다. 옳고 그름 역시 없으며 판단의 대상이 아니다. 자신이 그런 감정을 느끼는 것에 수치심이나 죄책감을 느낄 필요가 없다는 소리다. 마음의 고통은 감정이 아니라 자신이 생생하게 느끼는 감정을 숨기고 억누르고 부정하는 데서 생겨난다. 인간의 감정은 복잡해서 같은 일을 겪는다고 모든 이가 같은 감정을 느끼지 않는다. 또 한 가지 일에 여러 가지 다양한 감정을 한꺼번에 느끼기도 한다.

이 책은 나침반을 찾기 위한 방법으로 감정을 구분하고 그에 적절한 어휘를 붙이는 것에 대한 글이다. 감정을 이해하고 인지하기 위해 '감각'을 활용하기로 했다. 모두 다섯 개의 장으로 구성했는데 1장은 감정에 대한 개요, 나머지 네 개의 장은 온도, 통각(아픔), 촉감, 빛이라는 감각을 활용해 감정을 세세하게 들여다보기로 한다. 그리고 2장부터 5장까지 각 장의 말미에는 각각의 감정에 따른 감정 어휘를 분류·정리했다.

책을 마무리하면서 다시 한번 확신하는 것이 있다면 "인간은 결국 감정이 전부"라는 것이다. 그런데 감정은 당장은 시그널이나 기호일 뿐이라 해독이 필요하다. 나는 '행복'을 감정이라기보다 '태도'에 가깝다고 여기는 편인데 감정 어휘를 알맞게 표현하는 방식이 행복이라는 태도를 지니는 데 큰 도움을 줄 수 있다고 믿는다. 자신이 어떤 상황에서 기쁨, 슬픔, 분노, 증오, 불안, 기대, 신뢰, 놀람 등을 느끼는지, 또 어떻게 흘러가는지 인지하고 올바르게 표현한다면 우리는 삶의 파도를 예측할 수 있고 믿을 수 없게도 가뿐하게 올라 타 즐길 수 있다.

통각으로 신호를 보내는 감정

'아프다'에서 '근질근질하다'까지, 그리고 그 사이

(**통각 편 감정 어휘**)

촉감으로 신호를 보내는 감정

'부드럽다'에서 '거칠다'까지, 그리고 그 사이

(촉감 편 감정 어휘)

감정은 '꽃'과 같다.
꽃이 없으면 열매가 없고 열매가 없으면 씨앗도 없다.
우리의 꿈과 희망, 말과 행동, 계획과 목표, 관계를 비롯해
삶에서 중요한 대부분이 감정에서 시작된다.
감정을 정확하게 인지하고 세밀하게 표현해야 하는 이유는
'나'라는 개별성과 주체성, 고유성을 만들어
나의 삶을 살게 해주기 때문이다.

1장

실마리, 감정

내가 갈 길을 알려주는

감정은

응답을 기다린다

모든 것은

'나'의 감정에서
시작된다

1

꽃이 없으면 열매가 없고, 열매가 없으면 씨도 없다. 그러니 시작은 '꽃'이었을까, '씨'였을까. 씨가 없으면 꽃이 없고, 꽃이 없으면 열매도 없고, 열매가 없으면 씨도 없다는 순서로 갈 수도 있다. 꽃에서 시작됐을 거라 믿는 근거는 단순하다. 예쁘니까. 예뻐서 눈길을 끄니까. 눈길이 가면 마음길이 따르고 마음길이 이르면 발길이 닿는다. 내가 꽃을 보고, 꽃도 나를 본다. 나와 나의 꽃은 부디 서로를 봐야 한다. 꽃은 나에게 반응react이 아니라 응답response을 기다린다.

흙이 뿌리를 힘껏 움켜쥐고 있어 움직이지 못할 뿐 꽃은 응답받기 위해 눈의 시절부터 필사적이었다. 그토록 색이 화사하고, 향이 달콤한 연유는 눈 어두운 벌과 나비, 곤충들이 금방 찾아올 수 있게 하기 위해서다. 그런데 세상에는 눈길을 끌 수 있는 색이나 향을 가지지 못한 꽃들도 있어서 다른 전략을 택한다. 꽃가루를 바람에 실어 보내기. 그러려면 잎보다 먼저 피어야 한다. 잎은 바람이 꽃가루를 옮길 적에 훼방만 놓을 뿐이니까.

꽃샘바람에 안간힘을 다해 버티며 꽃망울을 터트린다. 벌과 나비, 곤충, 바람 등의 접촉으로 땅에, 가지에 붙들린 꽃이 다른 땅이나 가지에 붙박인 꽃을 만난다. 환희의 탄성으로 열매를 맺고 씨앗을 품는다.

내 상상에서 신은 우주에 씨앗을 뿌리는 게 아니라 꽃을 심는 것으로 창조를 시작한다. 꽃이 있어서 열매가 있고, 열매가 있어서 씨가 있고, 씨가 있어서 꽃이 있고…… 있고, 있고, 있고. 소우주인 사람의 마음 밭에도 여러 종의 꽃을 심었다. 통틀어 '감정'이라 하며 기쁨, 슬픔, 분노, 혐오, 공포, 기대, 신뢰, 놀람 등이 있다. 날아드는 나비와 벌, 새와 곤충 등은 '동기'이거나 '행동'으로 감정과 감정을 넘나들며 이종교배처럼 또 다른 감정을 빚는 역할을 한다. 대표적인 하이브리드로 희망(기대+신뢰), 자부심(분노+기쁨), 부러움(슬픔+분노), 죄책감(기쁨+공포), 경멸(혐오+분노), 염려(기대+공포), 수치심(공포+혐오), 절망(공포+슬픔), 우월감(분노+신뢰), 애증(신뢰+혐오) 등이 있다. 열매는 표정, 행동, 말 등의 '결과'로 타인에 비치거나 세상에 드러나거나 내가 도로 삼킨다. 그리고 여기, 끝인 동시에 결코 끝이 아니며 꽃보다 열매보다 단단한 씨앗이 남는다. '기억'이다. 땅에 묻혀 잊혔다가도 때가 되면 스멀스멀하게 싹을 올리고 몽실몽실한 꽃망울을 터트린다. 핀 꽃은 놀라울 것도 없이 유전자를 물려준 꽃과 닮았으나 똑같지 않으며 간혹 돌연변이가 나타나기도 한다.

'꽃'에서 시작되었다. 꿈과 희망, 말과 행동, 계획과 목표, 관계…… 모든 것은 감정에서 시작되었다. 동시에 무언가를, 어떻게 할지 선택하고 결정한다는 것은 그렇게 해서 일이 진행된 뒤에 자신이 어떤 감정일지 예측함으로써 이루어진다. 긍정적인 감정이 그려진다면 접근할 것이고 부정적인 감정이 그려진다면 회피하거나 금지할 것이다.

또한 기억이나 회상에서 감정이 시작된다. 기억이나 회상이 과거의 것이라는 인지는 잘못되었다. 기억은 '이전의 인상이나 경험을 의식 속에 간직하거나 도로 생각해냄'이고 회상은 '지난 일을 돌이켜 생각함'이다. 그 시점은 언제나 바로 지금이다. 기억이나 회상은 지난 일에 대한 현재의 감정이다. 우리의 뇌에 과거나 미래는 없어서 지금 생각하는 모든 것을 현재 벌어지는 일로 인식한다. 게다가 현재란 늘 바뀌기에 돌이킬 수 없는 과거에 대한 감정이 그때마다 달라질 수 있다. 마치 어떤 빛을 받느냐에 따라 다른 색을 내는 스테인드글라스 같다. 기

억과 감정은 비틀리고 맞물려 있으며 서로를 왜곡하거나 새로
구성하거나 증폭시킨다.

　중요한 것은 '나의'이다. 나의 꽃, 나의 감정, 나의 느낌, 나
의 기억……. 그것들이 '나'라는, 세상에 하나뿐인 개별성과 주
체성, 고유성을 만든다. 이에 따른 논리로 만약 '나의' 기억, '나
의' 감정, '나의' 느낌이 없다면 나의 사고, 나의 선택, 나의 판
단, 나의 결정이 없고, 이에 따라 자신이 무엇을 원하는지 누구
인지 알지도, 자신의 삶을 살지도 못 한다. 그래도 살기는 사는
데 그 삶은 마치…… '오리지널Original'이 아니라 '보증 받은 복
제품Certified Copy'이랄까.

　　"몇 호쯤 되려나, 한 몇백억 호쯤?
　　무엇이 나를, 내 삶을, 카피 본으로 만들었지?"

　　"아닌 척한 것이, 그런 척한 것이,
　　그러고도 아무렇지 않은 척한 것이
　　나를
　　보증 받은 복제품으로 만들었다."

(
아닌 척,
그런 척,

아무렇지
않은 척
)

2

찰리 채플린이 제작, 감독, 주연을 맡은 영화 〈황금광시대〉에는 지극히 우아한 식사 장면이 나온다.

눈이 퀭할 정도로 굶주린 찰리가 구두를 커다란 냄비에 넣고 보글보글 삶는다. 접시에 조심스럽게 올린다. 그는 굶주렸으나 품격을 놓치지 않는다. 나이프와 포크를 이용해 한 점씩 썰어 입 안에 넣고 맛을 음미하며 아주 맛있게 먹는다. 만찬은 이어져 구두끈을 포크에 돌돌 말아 한 입에 쏘옥, 구두창에 박혔던 못은 갈빗대로 둔갑해 입맛 다시며 핥는다.

찰리가 어쩌나 맛있게 먹던지 저 시절엔 구두를 먹을 수 있는 재료로 만들었나 싶을 정도였다. 궁금해서 찾아보니 찰리가 먹은 구두는 촬영을 위해 감초로 만든 거였고 같이 먹은 동료배우는 크게 탈이 나서 고생했다고 한다. 이런 뒷이야기를 알고 든 생각, "아무렇지 않은 척하려면 그래, 적어도 황금광시대에 나오는 찰리 정도는 돼야⋯⋯." 그는 정말로 아무렇지 않아 보였다. 우아할 정도로⋯⋯.

감초로 만든 구두를 먹으면서 아주 맛있는 척했다. 스테이크가 아니라서 스파게티가 아니라서 갈비가 아니라서, 감초라서. 전혀 아무렇지도 않은 게 아니라서 아무렇지 않은 척했다. 아무렇지 않은 게 아닐수록 더 아무렇지 않은 척해야 한다. 진실을 말하자면 찰리는 너무 굶주렸고(그래서 품격을 갖추려 했고) 구두는 먹을 수 있는 게 아니다(그래서 맛있게 먹으려 했다).

사람에게는 저마다 '특히 아무렇지 않은 척'하는 것이 있는데 인지하든 못 하든 약점이거나 상처일 것이다. 과하게 자신감 넘치거나 공격적인 것조차 아무렇지 않은 척의 과장이다. 이들에게 타인과 세상은, 상처를 입어 피 흘리는 짐승을 발견하면 놓치지 않고 물어뜯는 하이에나 같다. 상처 입은 모습 그대로 보여주면 보호받을 수 있을 거라고 결코 믿지 않는다. (타인과 세상은 어쩌다 신뢰를 잃어버렸을까.) 그래서 본능적으로 아무렇지 않은 척한다. 상처를 감추기 위해서라고 함부로 말하지 말자. 자신을 보호하기 위해서이다. 살기 위해서다. "상처 입은 나는 단단한 껍데기 속에서 안전하다."

그 모습이 6억 5천만 년 전 지구에 출현해 여태까지 무사한 달팽이를 닮았다. 등딱지 달팽이들에게 껍데기는 단순히 숨고 잠자는 집이 아니다. 심장을 비롯한 주요 장기가 들어 있어 껍데기가 깨지면 죽는다. 의미심장하지 않은가. 남들 눈에 고작 껍데기 정도로 보일지 모르지만 "껍데기가 깨지면 죽는다".

'아닌 척', '그런 척', '아무렇지 않은 척'은 나의 감정이 나를 세상과 타인으로부터 보호하려고 씌운 껍데기다. 맨살인 채 밟히면 아플 거 같아서 죽을지 몰라 씌워준 껍데기다.

언젠가 TV에서 참집게라는 갯벌생물을 보았다. 참집게라는 이름만 들으면 단단할 거 같지만 집게발만 그럴 뿐 몸이 부드러워 이 거친 세상에서 무사하려면 딱딱한 껍데기가 필요하다. 그래서 소라, 고동 같은 껍데기를 구해 등에 지고 다니다가 몸집이 커지면 더 큰 껍데기로 갈아탄다. 문제는 갯벌에서 빈 고동 껍데기를 구하기 어렵게 되어버렸다는 데 있다. 간척사업으로 갯벌이 많이 사라졌고 고동도 먹을거리로 죄다 가져가는 바람에 껍데기를 구하기가 너무 힘들다. 그래서 인간이 버리고 간 쓰레기더미를 뒤적인다. 쓰레기에서라도 껍데기를 찾으려 한다. 대충 맞는 빈 깡통을 발견하면 뒤집어쓰고 다닌다. 그 부드러운 생물에게 고철 깡통이 얼마나 거칠고 무거울까.

그러던 어느 날 쓰레기를 치우러 온 사람이 참집게의 딱한 사정을 목격하고 옆에 조개껍데기를 놓아주었다. 그러자 참 집게가 지고 있던 빈 깡통을 벗고 조개껍데기에 제 몸을 이리 저리 맞추더니 등에 잘 지고 떠났다. 이 장면을 보고 왜 눈물이 났을까.

내가 쓰고 있는 껍데기는 다른 인간이 버리고 간 쓰레기더미를 뒤적이다 대충 맞아서 쓴 깡통일까, 아니면 착한 사람이 사정을 알아주고 슬며시 옆에 놓아준 예쁜 조개껍데기일까.

껍데기를 훌훌 벗고 맨몸으로 다니는 달팽이가 있다. 민달팽이다. "징그럽다!" 하는 이도 있을지 모르나 환경에 적응하다 서서히 껍데기가 퇴화됐고 가뿐해졌다. 부럽다. 나의 껍데기도 그처럼 서서히 퇴화됐으면 좋겠다. 갑자기 왕창 깨지거나 홀러덩 벗겨지는 등의 충격을 겪지 않고 자연스럽게 말이다.

껍데기를 쓰면 안전하다 하면서도 퇴화되기를 바라는 이유, 그 안에서 '나의 꽃'이 생기 없이 시들어가고 있어서이다. 더 크고 단단한 껍데기로 갈아탈수록 상처받는 일이 줄어들지만 기쁨도 줄어든다. 다양한 감정이 납작하게 눌린 파이 같아서 한 겹 한 겹의 감정을 체감하지 못한다. 뭉뚱그려 그저 기분이 좋거나 나쁠 뿐, 말로는 '대박' 아니면 '짜증'이라고밖에 표현하지 못할 뿐, 지금 자신의 몸과 마음의 상태가 어떻다는 건지, 무엇이 필요한지, 그래서 내가 나와, 내가 타인과, 내가 세상과 어떤 관계를 맺어야 하는지 올바른 신호를 받지 못한다.

감정이 엉뚱한 방향으로 길을 잡는다. 달팽이가 숨 가쁘게 달리는 속도는 시속 7~9미터. 달팽이는 느려서 껍데기를 지고 다니게 됐을까, 아니면 껍데기를 지고 다니느라 느려졌을까.

　파스칼 키냐르는 《심연들》이라는 책에서 달팽이가 가는 모습을 '달 아래서 대양처럼 걷는다. 늘여 뻗어⋯⋯.'라고 묘사하면서 그 늘여 뻗는 게 '침 흘린 흔적이 아니라 갈 길을 알려주는 실마리.'라고 했다.

　내가 갈 길을 알려주는 실마리, 그것은 '감정'이다. 그럼에도 많은 사람에게 아직 감정이란 달팽이가 침 흘린 흔적만큼이나 흐릿하고 모호하며 무엇보다 믿을만하지 못하다. 쏟아내고 펼쳐 선명한 햇살을 쬐어본 적이 거의 없어서일 것이다. 남들 보는 앞에서 그러고 싶진 않다. 그럴만한 용기도 신뢰도 부족하니까. 아직 껍데기가 필요한 참집게 상태니까. 대신 우리에겐 제일 친한 친구가 있다. 낮이나 밤이나 늘 붙어 다니고 나의 일거수일투족을 알고 있으며 신뢰하기 힘들 때도, 가끔 뒤통수를 칠 때도 있기는 하지만 적어도 비밀을 누설할 일은 없는 친구, 바로 '나 자신'이다. 자신의 감정을 나에게만큼은 드러내자. 아닌 척하고, 그런 척하고, 그러고도 아무렇지 않은 척하기를 내려놓고 솔직해지자. 적어도 나에게만큼은.

내 감정에
세세하게

이름을
붙여보자

3

우리 집에는 반지레하게 목피 깎아놓은 나무 한 토막이 있다. 길이 30cm, 지름 18cm. 이모부께서 "심심하면 이거 나이테나 세어봐." 하며 주셨는데 심심한 적은 있으나 나이테가 좀체 많은 데다 촘촘해서 "그래도 백 년은 아닐 거 같아." 눈대중만 하고는 옆으로 뉘여 둥글리곤 한다. 어느 날인가 드문드문 박힌 옹이가 눈에 들어왔다.

들기로 옹이가 많은 목재는 그렇지 않은 목재보다 높은 가격을 받기 힘들다고 한다. 가구로 제작했을 때 옹이 때문에 주변부가 갈라지거나 최악의 경우 구멍까지 날 수 있어서이다. 이처럼 천덕꾸러기 취급을 받는 옹이지만 본래는 '가지'였다.

나무는 최대한 햇볕을 많이 받기 위해 우듬지에 가지를 생장하고 잎을 틔운다. 이런 식으로 몇 해가 흐르면 하단부에 자리한 가지는 우듬지의 무성한 잎에 가려 잎의 수가 점점 줄어들다 끝내 말라 죽는다. 수많은 가지가 죽거나 죽어가는 동안에도 나무는 기세왕성하게 몸피를 불린다. 이 과정에서 죽은 가지 밑동이 줄기에 파묻히고 박힌다. 그 결과가 바로 '옹이'. 주어진 환경조건에서 최대한 햇볕을 흡수하려는 나무의 생존 본능은 때로 처절하기까지 해서 북위 45도 이상에서 자생하는 자작나무의 경우 우듬지를 제외하고 모든 가지를 도태시키는 전략을 택한다. 자작나무 숲에 가면 흑백의 물감으로만 그린 유화 속에 있는 듯한 감상은 하얀 수피와 군데군데 박힌 검은 옹이가 이루는 색의 대비에 있다. 그 옹이를 국어사전에서는 이처럼 풀이한다. '나무의 몸에 박힌 가지의 밑부분', 이런 풀이도 있다. 굳은살을 비유적으로 이르는 말, 그리고 또 있다. 가슴에 맺힌 감정 따위를 비유적으로 이르는 말.

한때는 그도 우듬지에 있었다. 보드라운 초록 잎사귀로 무성했고 햇살과 빗방울에 뒤덮여 반짝였다. 에너지로 바꾸어 고스란히 줄기에, 뿌리에 내주었다. 그 덕에 나무는 성큼성큼 성장했다. 줄기가 높이 자랄수록 그는 제자리를 지키는데도 자꾸만 아래에 놓였고 어느새인가 우듬지를 올려다보는 처지가 되었다. 새로운 우듬지에 난 이파리 사이로 햇살은 조각나 흩어져 부스러기처럼 떨어질 뿐이었고 나날이 빼빼 말랐다. 잎사귀들이 모두 떠났고 삭정이가 되더니 강풍 불어 후드득 꺾였다. 딱딱하게 굳은 심장처럼 밑동만 남아 고스란히 나무에 박혔다. 아무도 그가 죽은 줄 몰랐다.

옹이는 그가 살았고 사랑했다는 흔적이다. 더 이상 햇볕과 바람과 비를 받을 수 없어서 아무것도 줄 게 없어서 산 채로 묻혔다. 나무의 생채기가 되어버린 옹이는 무늬가 될 수 있을까. 어느 솜씨 좋은 목수가 옹이를 나무의 무늬로 살려놓을까.

옹이

가슴에 맺힌 감정 따위를
비유적으로 이르는 말.

옹이가 내 삶의 무늬가 될 수 있을까?
될 수 있다. 될 수 있다고 확신한다.
그 옹이야말로 나의 삶을 세상에 유일한 작품으로 만들 수 있다.

'보증된 복제품'이 아니라 '오리지널'로.
옹이를 풀어보자. 세세하게 이름을 붙여서 불러보자.
이것이 시작이다.

감정은
자극에 대해

마음이 일으키는
반응

4

'감정'을 가리키는 낱말이야 언어권마다 다르지만 한국인이 쓰는 감정은 한자어로 '感情'이다. 느낄 감, 뜻 정, 풀이하면 뜻을 느낀다? 직관적으론 그럴싸한데 구체적으로 무슨 소린지 모르겠다.

낱글자를 살피니 '情'에는 '뜻' 말고도 '마음의 작용'이라는 풀이가 있다. (사실 뜻이나 마음의 작용이나 크게 의미가 다르지는 않다.) '感'에 더하면 마음의 작용을 느낀다? 아직 설명이 더 필요하다. 하나하나 뜯어보자.

'작용'에 대해서는 아이작 뉴턴이 다음과 같이 정의했다.

"A가 B에 힘을 가하면 B는 같은 크기의 힘을 반대 방향으로 A 한테 가한다." A가 마음일 수도, B가 마음일 수도, 둘 다 마음일 수도 있다. 어쨌든 마음이 작용한다는 것은 마음에 힘을 가하는 자극이 있다는 것을 전제한다.

그런데 이것은 마음의 일이라 눈, 귀, 코, 혀, 살갗 등을 통해 쏟아져 들어오는 외부의 자극뿐 아니라 기억, 상상, 욕망, 생각 같은 내부의 자극에 대해서도 작용할 수 있다. 이처럼 '외부의 자극과 내부의 자극에 대해 마음이 일으키는 반응'을 감정이라고 한다. 어떤 자극인지, 어느 정도의 세기인지에 따라 반응은 제각각 다른 형태와 강도로 나타날 것이다. 이것이 감정의 다양성이다. 최종 목표는 자신의 마음에 가해진 것과 같은 크기의 힘을 반대 방향으로 가해 항상성을 유지하는 것이다.

이 과정에서 자극을 더 많이, 더 강하게 받아들이는 것을 '예민함'이라고 한다. 홍수처럼 쏟아지는 자극에 대응하는 데 많은 시간과 에너지가 소모되기 때문에 쉽게 지치고 피로해질 수밖에 없다. 그 결과로 나타나기 쉬운 '짜증'은 분노의 감정에 속한다. 아직은 분노에서도 약한 세기이지만 분노는 불과 같아 불길이 작을 때 조절하는 것이 현명하다. 그래서 예민한 사람 중에는 유입되는 자극의 양이나 세기를 최소화하는 생활방식이나 사고방식을 선택하는 이들이 적지 않은데 이것이 내향성으로 비치기도 한다. 그러나 예민함은 외향성-내향성과 무관하다. 외향적인 예민한 사람도 있고 내향적인 둔감한 사람도 있다.

예민한 사람은 슬픔이나 불안, 지루함, 불신, 분노, 좌절 같은 부정적인 감정을 더 많이 더 강하게 느낄 수 있지만 한편으로 평안, 기쁨, 기대, 신뢰, 희망 등의 긍정적인 감정 또한 더 많이 더 강하게 느낄 수 있다. 괴로움도 두 배, 즐거움도 두 배랄까. 그래서 자극에 대처하는 방식을 더욱 주의 깊게 배울 필요가 있다.

예민함은 대체로 타고난 성향이지만 그렇지 않은 사람이라도 건드리면 발끈하는 유독 예민한 부분이 있다. 또 이와는 별개로 잠 못 자고 배고프고 외롭고 아프고 피로하면 일종의 비상사태라서 누구라도 당연히 예민해진다.

감정은 반응하고 움직이고 변화한다. 그러나 돌덩어리처럼 반응이 없고 움직이지 않고 변화하지 않는 것 또한 감정이다. 감정은 생명의 유지는 물론 인간으로서의 존엄과도 직결돼 있어서 감정이 없는 사람은 존재하지 않는다. 우리에겐 유사경험이 있다. 자기도 모르게 이런 말이 튀어나온 적 있지 않은가. "더 이상 아무것도 느낄 수가 없어." 어떤 사람이나 일에 대해 그런 느낌이 분명하다면 사실상 끝이 난 것이다.

감정에 움직이고 변화하는 특성이 있다고 파악하기로

는 영어에서 감정을 가리키는 'emotion'도 크게 다르지 않다. emotion은 e+motion이다. motion은 운동, 움직임, 흔들림 등을 의미하고 동사형이 move이다(move: 움직이다, 움직이게 하다, 옮기다, 바꾸다, 달라지다 등). 어디로? 접두사 e(x)가 가리킨다. "밖으로." 어디에서? "마음에서." 무엇이? "외부의 자극과 내부의 자극에 대해 마음이 일으킨 작용이."

이쯤에서 궁금하다. 자극이 무엇이기에 그토록 마음에 작용하고 화학물질처럼 감정으로 변화해 표정, 태도, 행동, 말 등의 형태로 밖으로 나갈까.

자극

**생물체나 그 감각기관에 작용하여 어떤 반응을
일으키게 하는 일, 또는 일으키게 하는 것.**

감각기관은 눈, 귀, 코, 혀, 살갗 등을 가리키고 다른 말로 다섯 가지 감각, '오관五官'이라 한다. 오관을 통해 어떤 자극을 알아차리는 것을 '감각'이라고 하고 각각 시각(보기), 청각(듣기), 후각(냄새), 미각(맛), 촉각(접촉)이라 칭한다. 이 다섯 가지 감각을 통틀어 '오감五感'이라고 한다.

감각을 영어로 '센스sense'라고 한다. 한국에서는 표제어로 등재된 외래어다. '센스(가) 있네/없네' 논할 때가 많은데 이때

센스는 오감하고 상관없는 '사물이나 현상의 가치나 변화 등을 알아내는 정신 능력'을 가리킨다.

사람은 감각기관으로만 외부의 자극을 알아차리지 않는다. 때로 감각기관에서 받은 정보가 아무것도 없는데 분명히 느낄 때가 있다. 이를 제 여섯 번째 감각, 육감六感이라 한다.

육감
**오관으로는 느낄 수 없다고 생각되는 감각,
사물의 신비한 점이나 깊은 본질을
직감적으로 포착하는 마음의 기능 따위.**

감각이나 경험, 연상, 판단, 추리 따위의 사유 작용을 거치지 않고 직접적으로 대상을 파악한다는 점에서 '직관'과 비슷하다. 그렇다. 직관이나 육감은 몸이 아니라 마음에서 일어나는 일이며 우리 모두 가진 감각이다. 논리나 경험을 더 신뢰하는 습관이 들어 활용하는 방법을 많이 잊었지만 내가 오리지널이 되면 회복할 수 있다.

한글로는 같지만 한자로는 다른 육감肉感과는 다르니 구별해서 써야겠다. "육감적이야."와 "육감이 뛰어나."에서 육감은 서로 다른 소리다.

육감肉感

육체가 느끼는 감각,
또는 육체의 감각 / 성적性的인 느낌.

우리가 여섯 번째 감각, 육감으로 느끼는 것 중에 흔한 소리로 "쌔한데?"가 있다. '쌔하다'는 '싸하다'의 방언으로 '(냄새나 맛이) 혀, 목구멍, 코에 자극을 줄 정도로 아리고 매운 듯한 느낌이 있다'는 뜻이다.

오감에서 파생한 어휘를 물성 없는 마음 상태를 표현할 때 끌어오는 경우는 쌨다. 앞서 '싸하다'에 대한 풀이에 나오는 '아리다'와 '맵다' 또한 본디 혀의 감각에 대한 어휘지만 마음 상태에 비유해 쓸 수 있다. 이때 '아리다'는 '마음이 몹시 고통스럽다', '맵다'는 '성미가 독하거나 야무지다'는 뜻을 갖는다. 감각어를 마음 상태를 표현할 때 적절하게 대치하면 모호한 감정을 선명하게 표현하고 실감나게 전달하는 데 보탬이 된다. 천진한 시적 언어도 될 수 있다.

나의 개별성과
주체성, 고유성을

갖추어가는 과정

아래의 자극을 우리는 눈과 귀, 코, 혀, 피부뿐 아니라 마음으로도 느낀다. 한 순간에 한 개가 아니라 적게는 다섯 개에서 많게는 아홉 개까지 느낄 수 있다. 예민하다면 그보다 많을 것이다. 다른 사람이 어떻게 느끼는지가 아니라 내가 어떻게 느끼는지 오롯이 자기 내부의 감각에 집중해보자. 처음에는 어색하고 서투를 수 있으나 습관화하면 나를 내 삶의 중심에 세울 수 있다. 하늘과 땅 사이, 사람과 사람 사이, 심지어 나와 나 사이를 유령처럼 떠도는 모호한 느낌이 차차 걷히고 감정과 느낌, 기억이 선명해질 것이다. 세상에 하나뿐인 나의 개별성과 주체성, 고유성을 갖추어가는 과정이다. 이러한 노력에서 선물처럼 주어지는 미덕이 있다면 타인의 개별성과 주체성, 고유성 또한 볼 수 있게 된다는 것이다. 건강한 방식으로 자신을 자기 삶의 중심에 세운 사람은 타인 또한 그가 그의 삶의 중심이라는 진리를 자연스럽게 존중한다.

지금 내 마음이 _____.

(마음 대신 느낌, 기분 등을 주어로 삼아도 좋다.)

뜨겁다 ································· **차갑다**

↑

다습다 ― 다스하다(따스하다) ― 따듯하다(따뜻하다) ― 뜨듯하다(뜨뜻하다) ― 따끈하다, 뜨끈하다 ― 뜨끔뜨끔하다 ― 후끈하다 ― 덥다 ― 뜨겁다 ― 미지근하다(뜨뜻미지근하다, 미적지근하다) ― 건조하다 ― 촉촉하다 ― 상쾌하다 ― 시원하다 ― 개운하다 ― 사늘하다(싸늘하다) ― 서늘하다 ― 쌀쌀하다 ― 쓸쓸하다 ― 으스스하다 ― 차(갑)다 ― 시리다 ― 춥다

아프다 ·············· **괜찮다** ·············· **근질근질하다**

↑

아프다 — 따갑다 — 쑤시다 — 아리다(아릿하다) — 저리다(저릿
하다) — 쓰리다 — 쓰라리다 — 자리다(자릿하다, 짜릿하다) —
후비다 — 찢기다 — 뻐근하다 — 미어지다 — 기진맥진하다 —
편하다 — 괜찮다 — 딱딱하다 — 말랑말랑하다 — 간질간질하다
— 근질근질하다

부드럽다 ································· **거칠다**

↑

포근하다 — 보드랍다 — 부드럽다 — 말랑말랑하다 — 매끄럽다
— 몽글몽글하다 — 몽실몽실하다 — 간지럽다 — 깔깔하다 — 까
칠까칠하다 — 깔끄럽다 — 뻣뻣하다 — 딱딱하다 — 굳다 — 팽
팽하다 — 억세다 — 거칠다

밝다 ································· **어둡다**

↑

빛나다 — 환하다 — 밝다 — 맑다 — 투명하다 — 산뜻하다 — 깨
끗하다 — 시원하다 — 선명하다 — 눈부시다 — 황홀하다 — 흐
리다(흐릿하다) — 희미하다 — 침침하다 — 우중충하다 — 칙칙
하다 — 어둑(어둑)하다 — 컴컴하다 — 깜깜하다 — 캄캄하다 —
어두컴컴하다 — 아득하다 — 감감하다 — 까마득하다 — 어둡다

가깝다 ··· **멀다**

↑

두텁다 ― 깊다 ― 얄팍하다 ― 얕다 ― 뜨다 ― 막막하다 ― 아득
하다 ― 까마득하다

크다 ··· **작다**

↑

광대하다 ― 넓다 ― 좁다 ― 빠듯하다 ― 잘다

조용하다 ··· **시끄럽다**

↑

먹먹하다 ― 적막하다 ― 고요하다 ― 아늑하다 ― 잔잔하다 ― 들
썩하다 ― 어수선하다 ― 야단스럽다 ― 요란하다 ― 소란스럽다
― 어지럽다

달다 ··· **쓰다**

↑

싱겁다 ― 달콤하다 ― 달곰하다 ― 감미롭다 ― 달콤쌉쌀하다 ―
쌉쌀하다 ― 떨떠름하다 ― 쓰디쓰다 ― 아리다 ― 얼얼하다

향기롭다 ·· 메스껍다
↑

향긋하다 — 싱그럽다 — 고소하다 — 비리다 — 비릿하다 — 아니꼽다 — 역겹다 — 냄새가 난다

지금 당신의 마음이나 느낌, 기분에 해당하는 어휘가 있는지, 있다면 몇 개가 있는지 궁금하다. 마음은 우리의 눈과 귀, 혀와 피부가 경험하는 자극을 그대로 경험한다. 다섯 가지 감각이든 여섯 번째 감각이든 마음에 작용하면 감정이다.

감정

**외부의 자극과 내부의 자극에 대해
마음이 일으키는 반응.**

분명 자극이 있는데도 마음이 반응을 일으키지 않는/못하는 경우가 있다. 이 또한 감정이다. 이럴 때 "아무 느낌이 없다"고 말하고는 하는데 느낌은 감각과 감정을 통틀어 이른다. 몸의 느낌이 감각, 마음의 느낌이 감정. 둘이 외따로 가는 경우는 드물며 몸이 느끼면 마음이 반응을 일으키고 (혹은 아무런 반응을 일으키지 않는 것으로 반응하고) 마음이 반응을 일으키면 몸이 느끼려 하고 이것이 행동으로 이어진다(행동하지 않는 것 또

한 행동이다). 또 우리는 오관의 자극을 통하지 않고 기억, 상상, 욕망, 생각 등으로도 충분히 감각을 느낄 수 있고 오관의 자극을 통한 것과 흡사하게 마음에 반응을 일으킨다. 감정은 몸처럼 감각적이고 감각은 마음만큼 감정적이다.

　앞서 소개한 감각 어휘를 마음이 경험한다면 어떤 감정을 느끼고 있는 걸까.

심장이 뜨겁거나 따뜻하거나 차가워지고는 한다.
이때의 느낌은 무슨 감정일까. 어떻게 표현할 수 있을까.
마음의 온도를 좌우하는 요소들로
안전과 사랑, 존중, 자아실현, 존재감, 재미, 멋 등이 있으며
충족되는 정도에 따라 기쁨, 평안, 재미, 후련함, 사랑 등을
반대로 수치감, 수심, 지루함, 압박감, 경멸 등을 느낀다.

2장

온도로
신호를 보내는 감정

'뜨겁다'에서 '차갑다'까지,
그리고 그 사이

뜨겁다 ·································· **차갑다**

(감정)

기쁨 ——— 수치감

평안 ——— 수심

재미 ——— 지루함

압박감 ——— 후련함

사랑 ——— 경멸

(온도를 좌우하는 요소들)

안전, 사랑, 존중(인정), 자아실현, 존재감, 재미, 멋 ↑↓

(감각 어휘)

다습다 — 다스하다(따스하다) — 따듯하다(따뜻하다) — 뜨듯하다(뜨뜻하다) — 따끈하다, 뜨끈하다 — 뜨끔뜨끔하다 — 후끈하다 — 덥다 — 뜨겁다 — 미지근하다(뜨뜻미지근하다, 미적지근하다) — 건조하다 — 촉촉하다 — 상쾌하다 — 시원하다 — 개운하다 — 사늘하다(싸늘하다) — 서늘하다 — 쌀쌀하다 — 쓸쓸하다 — 으스스하다 — 차(갑)다 — 시리다 — 춥다

모든 감정은

나를 살리기 위한 시그널

1

신체의 내부 또는 외부의 자극에 의하여 일어나는 느낌을 표현하는 단어를 '감각어'라 한다. '뜨겁다'를 감각어로 풀이하면 '손이나 몸에 상당한 자극을 느낄 정도로 온도가 높다'이고 '차갑다'는 '촉감이 서늘하고 썩 찬 느낌이 있다'이다. '뜨겁다'는 느낌이 마음에 일어나면 '감정이나 열정 따위가 격렬하다'로 한껏 고무되거나 고양된 상태이고 '차갑다'는 '인정이 없어 매정하거나 쌀쌀하다'로 시들하게 가라앉아 냉정하거나 냉혹한 상태이다.

기쁨으로 뜨거우면 황홀하고 관심이 뜨거우면 희망이 되며 신뢰로 뜨거우면 숭배한다. 분노로 뜨거우면 격분하고 지루함이 열을 받기 시작하면 혐오를 거쳐 증오가 된다. 황홀과 희망, 숭배, 격분, 증오…… 모두 누르기 어려운 '격정'이다. 몸까지 덩달아 달아오르며 후끈해진다.

기쁨이 차갑게 식으면 불안―두려움―공포가 되고 기대가 차가워지면 경계가 되며 믿음이 차가워지면 무시―경멸―혐오가 된다. 격분이 차가워지면 체념이나 슬픔이, 증오마저 차갑게 얼어붙으면 무관심이 된다.

오늘 내게 기쁨을 주던 것이 내일 공포를 주는 일은 얼마나 흔한가. 어제 밀어를 속삭이던 입에서 오늘 원망이나 분노의 욕설이 나가는 일도 허다하다. 사랑, 성공, 명예, 재산, 자식도 크게 다르지 않다. 원하는 것을 가지지 못하면 열망으로 뜨겁고 원하는 것을 가졌을 때의 기쁨은 잠시, 잃을까 봐 불안하다. 불안은 공포의 감정이다. 공포라는 감정에서 약한 세기가 불안, 두려움이고 강한 세기가 극심한 공포이다. 공포에 슬픔이 보태지면 절망이 된다. 가진 것을 모두 잃을 때의 감정이다.

그리된다고 해도 기쁨을 포기할 수 있을까. 기쁨에 대해 생각하면 징검다리가 떠오른다. 옛날에 징검다리는 마을 사람들이 오며 가며 저마다 큼지막한 돌을 한 개씩 들고 와서 하천에 한 발 보폭 사이로 놓아 오랜 시간에 걸쳐 천천히 만들어졌다. 덕분에 다음에 오는 사람이 수월하게 건널 수 있었다. 마을을 내 마음으로, 징검다리를 기쁨으로, 마을 사람들을 그때마

다의 나라고 상상해보자. 기쁨은 생이라는 고해에 놓인 징검다
리다. 덕분에 다음에 올 내가 수월하게 건널 수 있다. 사람에게
한 번 일어난 일은 결코 사라지지 않는다. 기쁨 또한 그러하다.
우리는 기쁨을 징검다리 삼아 생을 건넌다. 기쁨이 설령 공포
로 뒤바뀐다 해도 과거에 놓은 징검다리가 무너지는 것은 아니
다. 징검다리를 무너뜨리는 것은 언제나 나 자신, 정확히는 나
의 감정이다.

　'기쁨'은 욕구가 충족되었을 때의 흐뭇하고 흡족한 마음이
나 느낌이다. 욕구의 구체적인 내용에 대해서는 미국의 심리학
자 에이브러햄 매슬로가 주장한 욕구 5단계 설이 널리 알려져
있다. 생리적 욕구―안전의 욕구―사랑의 욕구―자존(존중)
의 욕구―자아실현의 욕구. 피라미드 형태로 그린 욕구 5단계
설을 보면 아래 단계가 하도 넓적하게 지분을 차지하고 있어서
1, 2단계만 있어도, 위의 단계는 있어도 살고 없어도 살 수 있
을 것처럼 보인다. 그러나 낮은 단계의 욕구가 충족되지 않으
면 높은 단계의 욕구가 행동으로 이어지지 않는다는 개념일 뿐
사람이 사람답게 살기 위해서는 다섯 가지 욕구 모두 충족되어
야 한다.

　더구나 지금은 신―국가에 대한 업적―사회적인 성공을
지나 인류사에 처음으로 개인적인 욕구가 대중적인 현상으로
등장한 시대이다. 가장 두드러지는 개인적인 욕구는 '존재감'

을 인정받는 것이다. 이에 대한 욕구가 본능임은 조선시대에 팽형烹刑이라는 형벌이 존재했다는 사실로 짐작할 수 있다. 본래 팽형은 고대 중국에서 끓는 물에 죄인을 삶아 죽이는 형벌이었다가 조선에서는 가마솥에 들어갔다 나오면 없는 사람이 되었다. 산 자의 존재감을 지워버리는 사회적 사형으로 요즘 말로 철저히 투명인간 취급한 것이다.

존재감은 다른 말로 인간으로서의 품위를 지키고 싶은 마음이며 그 품위가 구체적으로 무엇인지는 자신이 소중하게 여기는 가치가 무엇인지에 따라 다를 것이다. 존재감이 훼손되어 더 이상 지킬 수 없다면 삶의 의미가 사라진다.

사람은 자신의 존재감을 존중받을 때 기쁨을 느끼고 업신여김을 당할 때 수치심을 느낀다. '업신여기다'는 '교만한 마음에서 남을 낮추어 보거나 하찮게 여긴다'는 뜻이다. 이런 감정을 가진 어휘가 무시, 경멸, 멸시, 모멸, 모욕, 수모 등이다. 하나같이 사람을 깔보고 얕잡아보고 하찮게 여기고 업신여기고 욕되게 하는 것으로 사람이 사람에게 저지를 수 있는 가장 무서운 폭력이다. 동시에 가장 쉽게 벌어지는 일상이다. 돈이나 권력을 앞세워 대놓고 사람을 업신여기는 것은 말할 것도 없고 무심코 무시하는 표정, 비웃는 눈빛, 낮잡는 말투가 수치심을 준다. 또 노력에 비해 받은 대가나 대접이 형편없을 때 수치심을 느낀다.

수치감은 마땅히 받아야 할 것을 받지 못하고 심지어 업신여김이라는 폭력을 당했다는 감정의 신호이다. 우리가 슬픔, 공포(불안-두려움), 분노, 증오라고 느끼는 감정의 실체는 수치감인 경우가 많다. 자기가 수치감을 느꼈다는 자체가 극도로 창피해서 필사적으로 감추려 하지만 얼굴은 화끈거리고 손발은 피가 빠져나가는 것처럼 차가워지는 느낌이 든다. 슬픔이나 공포, 분노, 증오 등의 감정으로 표현해도 쉽게 풀리지 않는다. 설령 모욕감이나 수치감을 준 대상이나 환경이 사라진다 해도 가라앉지 않을 것이다. 이미 존재감이 손상당했고 부정당했기 때문이다. 특히 수치감은 자기비하로 이어져 고립감과 무력감에 빠뜨릴 수 있으며 극단적인 경우 스스로 목숨을 버리는 비극이 발생한다. 고립감은 단순한 외로움을 넘어 타인과의 연결고리가 완전히 끊어졌다는 느낌이다. 무력감은 자신에게 이런 상황을 바꿀 힘이 없다는 느낌이다. 둘 다 무시무시한 절망의 감정이다. 감정을 산 채로 묻어버린 결과이다. 표현하면 달라질 수 있을까.

자신이 경험한 모욕감이나 수치감을 드러내려면 영혼의 밑바닥까지 긁어 힘을 끌어모아야 할 정도로 큰 용기가 필요하다. 입장이 바뀌어 듣는 입장이라면 그렇게나 혼신의 힘을 다해 용기를 낸 사람의 이야기를 연민의 귀를 준비해서 들어야 한다. 연민이란 동등한 위치에서 상대의 관점으로 상황을 이해하려는 마음이다. 휴머니즘의 바탕이다. 동정과 혼동하지 않기를 바란다. 동정은 자기 처지와 상대의 처지를 비교해서 자기 처지가 낫다는 입장이 깔려 있어 자칫 모욕이 될 수 있다. 자기 관점으로 상대의 이야기나 상황을 이해하려는 마음은 선한 의도라 해도 판단이다. 연민이 아닌 판단의 귀를 갖다 댈 때 모욕감이나 수치감을 털어놓은 이의 감정은 고립감이라는 나락으로 떨어져버린다. 얼마나 힘들었냐고 많이 외로웠겠다고 당신이 느끼는 고통을 이해할 수 있을 것 같다고 당신은 잘못되지 않았다고 내가 도와줄 수 있는 것이 없겠냐고 이 중 한 마디만 들려주어도 생명의 동아줄을 잡을 수 있다.

수치감은 동물 중에서 고도로 사회화된 인간만이 느끼는 고유의 감정이다. 타인의 시선으로 자기를 평가하는 데서 생기기 때문이다. 타인이 정말로 그렇게 평가하는지의 여부는 중요하지 않다. 차라리 타인이라면 안 보는 방법이 있는데 어디에 갖다 버릴 수도 없는 내 안의 타자가 줄곧 나를 쳐다보는 시선이다. 못마땅하게 보고 있을 때와 뿌듯하게 보고 있을 때 내가 대상이나 사물을 대하는 마음이 다를 수밖에 없다. 또한 내 안의 타자는 망상 같은 병증이 아니고서야 가정환경이나 사회적 구조 등에서 겪어온 차별이나 존중, 고립감이나 친밀감 등의 감정이 쌓여 내면화된 것이다.

인간의 모든 감정은 긍정적이든 부정적이든 모두 나를 살리기 위한 시그널이기에 중요하고 내 안의 타자가 나를 바라보는 시선 역시 부정적이라고 해서 무조건 해롭다고 볼 수는 없다. 오히려 도덕적 기준이 엄격하고 높을수록 수치심을 가질 확률이 높다. 맹자는 "부끄러워하는 마음이 없으면 인간이 아니다."라고 했는데 부끄러워하는 마음으로 번역한 수오지심羞惡之心의 기준은 자신의 잘못을 부끄러워하고 남의 잘못을 미워하는 마음이다. 이런 내 안의 타자를 가진 이는 사람다운 사람이다.

그런데 세상에는 상대가 뭘 해도 탐탁지 않아 하면서 경멸의 눈빛을 보내거나 습관적으로 조롱이나 비하, 비난의 말투를 가하는 인간들이 있다. 상대의 존재감을 손상시키거나 부정하는 방법으로 자신의 존재감을 높이려 하는 것이다. 그런 생각을 논리적으로 해본 적 없다고 해서 의도가 없다 할 수 없다. 무의식적인 목적은 상대를 깎아내림으로써 자신의 우월함을 과시하고 상황을 통제하려는 데 있다. (물론 이때의 우월함은 사실이 아니라 착각이다.) 자신에게 그런 사악한 의도가 있다는 사실을 모를 수도 있다. 이렇게 말하면 알아차리려나.

"나를 조롱하고 비난하면 당신이 더 잘난 사람이 되는 거 같으세요? 우리는 시소를 타고 있는 게 아니에요. 나를 깎아내린다고 당신이 올라가는 게 아니라고요. 설령 당신이 올라간다고 내가 내려갈 일도 없을 거예요."

（ 내가 나로서

　　　　살아가는가 ）

2

욕구가 충족된 데서 생긴 기쁨이라는 감정에서 강한 세기가 '황홀'이고 약한 세기가 '평안'이다. 우리가 종종 망각하지만 걱정이나 탈이 없고 무사히 잘 있다고 느끼면 기쁨의 감정이다. 평안은 따뜻하고 따스하다. 정답고 포근하다. '따뜻하다'는 감정이 '부드럽고 포근하다'이고 '따스하다'는 다스하다의 큰말로 '알맞게 따뜻하다'이다. '정답다'는 '따뜻한 정이 있다'이고 '포근하다'는 '감정이 보드랍고 따뜻해서 편안하다'이다. 따뜻함, 따스함, 부드러움, 편안함…… 우리가 평안할 감정일 때, 혹은 평안한 분위기일 때 찾아드는 느낌이다.

　내가 나로서 살아가고 할 수 있는 것을 하고 할 수 없는 것은 바라지 않는다. 이 말을 뒤집으면 평안에서 완벽히 반대인 '수심'이 된다. 내가 나로서 살지 못하고 할 수 있는 것을 하지 않고 할 수 없는 것을 바란다면 별 탈 없이도 마음 한구석이 개운치 않고 갑갑하다. 그런 생은 근사하지 않다.

'근사하다'를 멋지다, 아름답다, 좋다 등의 말이나 비슷한 느낌으로 쓰지만 속뜻을 알고 나면 애틋하고 숙연하다. 근사近似라는 한자어를 풀면 '거의 같다'로 닮았다는 뜻이다. 닮아서 비슷해서 가까워서 멋지고 아름답고 좋다. 무엇과 그리 닮고 비슷하고 가까워서 멋지고 아름답고 좋을까. 나 자신과 내가 살아가는 삶이 최대한 닮고 비슷하고 가까울 때 그렇게 될 수 있을 것이다.

1970년대만 해도 자아실현은 부르주아의 배부른 소리였다. 지금도 없진 않을 것이다. 여전히 배부른 소리로 여긴다면, 확실하다. 행복하지 않은 사람이다. 혹은 행복에 대해 한 번도 진지하게 사유해본 적 없는 사람이다. 매슬로가 자아실현이라는 말을 대중화하기 전에도 자아실현은 이미 인간의 주요 욕구였다. 단지 자아실현이라는 용어를 몰랐을 뿐이다. 그런데 매슬로의 의도와 달리 생리적 욕구와 안전의 욕구가 충족되었다고 자동적으로 다음 단계인 사랑, 존중, 자아실현으로 나아가지는 않는다. 생리적 욕구와 안전의 욕구가 일정 수준의 물리적 조건을 필요로 하는 '잘 살아보세'라면 사랑과 존중, 자아실현은 성찰을 필요로 하는 '잘 살아보세'이다. 생리적 욕구와 안전의 욕구, 좀 더 확대해서 물질주의와 소비주의가 생활양식인 사람은 기본적인 문제가 해결되었다고 어느 날 갑자기 사랑, 존중, 자아실현 등을 추구하지 않는다. 그보다는 많은 재산을 축적하고 과시적으로 소비하고 떵떵거리며 출세하는 데 주린 허기를 느끼고 그에 몰두할 것이다. 더구나 특히 사회적 분위기가 그러할 경우 사랑, 존중, 자아실현은 인간의 기본 욕구임에도 좀처럼 충족하기 어려운 것이 되어간다. 다섯 가지 욕구 모두 충족되어야 평안할 수 있는데 그러질 못 하는 것이다.

꽤 오랜 세월 미시감未視感/jamais vu을 느끼고는 했다. 미시감이란 기시감旣視感/déjà vu의 반대 현상으로 알고 있는 것들을 갑자기 생소하게 느끼는 체험이다. 처음 찾아온 미시감은 너무도 강렬한 것이어서 지금도 생생히 기억한다. 초등학교 5학년 때 일요일 오후였다. 학교와 집 사이에 나서 매일 같이 오가던 길인데 순식간에 낯선 길이 되어 방향을 잃었다. 마치 지남력에 문제가 생긴 것 같았다. 나뭇잎 사이로 비치는 햇살이 눈부셨고 손에 아이스크림을 들고 있었다. 한참을 멍하니 그렇게 서 있었다. 바로 옆으로 지나가는 사람이 아주 멀게 느껴졌다. 아이스크림이 녹아서 손에 흘러내리는 걸 느끼고서야 정신을 차렸다. 중고등학교 때는 교실에서 자주 느꼈다. 교실에 앉아 있는 나는 내가 아닌 거 같고 진짜 나는 다른 어디엔가 있을 것 같은 기분이었다. 그런 날에는 매일 보는 단짝친구와의 거리조차 한참 멀어져서 "안녕? 내 이름은 선경이야. 네 이름은 뭐니?"부터 시작해야 할 것 같았다. 진공상태의 유리병 안에 갇힌 느낌이었다. 나 혼자 그 유리병 안의 세상에 따로 살고 있었다. 이대로 강물에 던져져 둥실둥실 멀리 떠났으면 좋겠다고 생각했다.

지금도 이따금 미시감을 느끼는 순간이 있다. 그때는 원인을 몰랐지만 이제는 안다. 내가 자신을 속이며 "괜찮아, 다들 이러고 살아." 하면서 버티다가 어느 순간 내가 지금 여기에, 이 사람들 앞에 눈도 귀도 입도 없는 사물처럼 그저 있는 느낌, 순식간에 모든 것이 낯설어 손에 쥐고 있는 펜조차 '이게 지금 왜 내 손에 있냐?' 출처가 불분명하고 나의 출처 또한 그러하다. 어디를 가도 바로 지금 여기에 나는 없다. 내가 살아가는 모습이 나 자신과 멀어지고 있을 때 찾아오는 신호이다. 내Self가 없는 여기에서 떠나고 싶은 욕구가 보내는 감정이다.

사람은 사랑받고 인정받는 것을 통해 자신의 존재감을 확인한다. (앞의 문장에서 …에게 등의 여격을 고의적으로 생략한 점을 기억해주길 바란다.) 타인에게 사랑받고 인정받는 것은 즐겁고 신나는 일이다. 삶의 원동력이 될 수 있다. 무엇보다 삶의 필수 과정이다. 어떤 결말로든 이 과정을 매듭지어야 다음 단계로 넘어갈 수 있다. (완성이 아니라 '매듭짓다'로 표현한 것에 유의하기 바란다.) 매듭짓지 못하면 평생 그놈의 사랑, 그놈의 인정⋯⋯ 멀리 갔다가도 못 박힌 고무줄처럼 제자리로 도로 튕겨진다. 삶의 최종 목적지인 자아실현, 나에게 잠재된 내 모습대로 살기가 힘들어진다.

　타인이 사랑하거나 인정하는 나는 나의 한 부분일 뿐이다. 그 뒤에 감춰진 또 다른 내가 있다. 사회생활을 하는 대부분의 성인은 타인에게 사랑받고 인정받을 수 있는 나를 페르소나로 보여주고 그럴 수 없을 것 같은 나는 감춘다. 이것은 위선이 아니라 예의라고 할 수 있다. 그 결과 나의 한 부분밖에 보지 못하는 타인에게 사랑받고 인정받는 것에만 기대서는 애정욕구와 인정욕구를 온전하게 충족하기 힘들다. (기적 같은 절대적인 사랑과 인정은 예외로 한다.) 내가 나를 사랑하고 인정하고 그 결과로 내가 살아가는 모습이 나 자신과 닮고 비슷하고 가까워질 때 존재감이 근사해질 수 있다. 스스로 넉넉함을 느끼는 '자족'이 생긴다.

　자족自足이나 만족滿足이라는 한자어에서 쓰는 '족足'은 발을 가리킨다. 자족이나 만족은 발까지만 채우고도 넉넉하다고 느끼는 마음이다. 이미 넉넉하니 타인에게 사랑받고 인정받으면 감사한 마음이 생긴다. 그 감사함이라는 기쁨을 타인과 함께 나누고 싶어진다. 나의 지인은 기쁜 일이 생길 때마다 기부를 한다. 이런 이들은 자랑을 해도 참 사랑스럽게 한다. 그의 앞날이 더 찬란하기를 기대하며 축복해주지 않고는 배길 수가 없다.

미지근한

감정에 대하여

3

온도로 느끼는 '뜨겁다'와 '차갑다' 중간에 '미지근하다'가 있다. 우리나라 식당에는 차가운 물과 뜨거운 물만 있어 나는 둘을 섞어 미지근한 물로 만들어 마신다. 감정에도 미지근함이 있다. 차가운 감정이 미지근해지기도 하지만 뜨거운 감정이 식어서 미지근해지는 경우가 훨씬 많다. 미지근하다, 뜨뜻미지근하다, 미적지근하다 등은 분명하지 못한 상태이다. 망설임이나 갈등이 생각만 하고 태도를 결정하지 못한 채 갈팡질팡하는 것이라면 미지근하다는 망설임이나 갈등조차 미지근하다. 이것인가 저것인가 이럴까 저럴까 하는 게 아니라 이도 저도 아니다.

지금 하는 일을 딱히 좋아하지 않지만 싫어하지도 않는다. 지금 만나는 사람이 딱히 편하진 않지만 그렇다고 불편한 것도 아니다. 나쁘지 않고 악하지 않다는 근거를 들어 '평안'으로 포장하려 한다. 그러나 앞서 말했듯 평안은 따뜻하고 따스하며 정답고 포근한 기쁨의 감정이다. 정답지도, 포근하지도 않다면 더 이상 평안이라고 우기지 말자. 실상은 재미도 멋도 없이 미지근한 상태로 권태나 무기력의 전조이다.

미지근한 감정을 무심하게 방치하면 '건조하다'로 진행될 수 있다. 마을에서 처음 우물을 팠을 때 동네 사람들은 푸고 또 퍼도 새로운 물이 다시 찰박찰박 차오르는 걸 보고 감탄했다. 수도가 설치되면서 더 이상 우물을 쓰지 않았고 오랜 세월이 흘러 다시 찾았을 땐 바짝 말라 있었다. 깊숙한 바닥에 먼지가 쌓였고 잡초로 무성했다. 마음도 그렇다. 쓰지 않으면 말라버린다. 많이 쓰면 닳을 것 같고 오래 쓰면 고장이 날 것 같지만 그럼에도 쓰지 않으면 말라버린다. 말라붙은 감정을 촉촉하게 해줄 처방이 필요하다. 어떤 처방이 필요한가에 대해서는 무미건조함을 풀이하는 말에 나와 있다. '재미'와 '멋'이다.

뭘 해도 재미없는 시기라는 뜻으로 '노잼시기'라는 신조어까지 나온 걸 보면 이제야 사람들이 재미의 중요성을 인정하는구나 싶기도 하고 역설적으로 뭘 해도 재미를 느끼지 못하는 사람들이 많구나 싶기도 하다. 노잼시기가 길어지는 걸 예사롭게 여기지 말자. 재미라는 요소가 빠지면 인생은 갑갑한 것이 되어버린다. '갑갑하다'는 '너무 더디거나 지루하여 견디기에도 진력이 난다'인데 뜻풀이가 구구절절 철렁하다.

'진력나다'는 '오랫동안 또는 여러 번 하여 힘이 다 빠지고 싫증이 난다'는 뜻이고 '지루하다'는 증오라는 감정의 일종이기 때문이다. 사람은 시간이 오래 걸리거나 같은 상태가 오래 계속되어 따분하고 싫증이 나는 지루함을 결코 언제까지고 견디지 못한다. 아무 일이 없기보다 무슨 일이라도 있기를 바라는 게 사람의 속성이다. 지루함을 느낀다는 것은 자신에게 지루함을 느끼게 하는 그것을 증오할 준비가 되었다는 시그널이다. 증오의 감정에서 약한 세기가 '지루함'이고 중간 세기가 '혐오'이며 강한 세기가 증오이다. 사람이든 일이든 삶이든 진력나기 전에, 그러다 혐오하거나 증오해버리기 전에 어떻게든 재미를 찾아야 한다. 나를 재미있게 해주는 장치를 구석구석에 챙겨둬야 한다.

재미에는 두 가지 풀이가 있다. '아기자기하게 즐거운 기분이나 느낌', '좋은 성과나 보람'. 우리에게는 두 가지 종류의 재미 모두 필요하며 다분히 의도해야 한다. 아기자기하게 즐거운 기분이나 느낌을 주는 취미를 찾아야 하고 좋은 성과나 보람을 누리기 위해서는 최선이 아니라 최소한의 노력으로 성취

할 수 있는 단계별 단기 목표를 설정할 필요가 있다. 지루함을 인내심과 혼동하면 곤란하다. 인내심은 괴로움이나 어려움을 참고 견디는 마음이지만 지루함에는 참고 견딜만한 괴로움이나 어려움조차 없어서 더 견디기 힘들다는 점이 아이러니다.

멋에는 '차림새, 행동, 됨됨이 따위가 세련되고 아름다움'이라는 뜻과 '고상한 품격이나 운치'라는 뜻이 있다. 몸에 딱 지니고 싶은 무형자산이 다 들어가 있으니 그래서 사람들이 그렇게나 멋있다는 소리를 듣고 싶어 하나 보다. 하루아침에 멋있는 사람이 되기는 힘들지만 매일 '멋'을 흡수할 수는 있다. 매일 짧은 시간만이라도 세련되고 아름다운 것, 고상한 품격이나 운치를 가진 것을 찾아 마주하고 내 마음 밭에 어떤 감정 꽃이 피어나는지 구경하자. 감정이 달팽이처럼 길게 늘여 뻗어 어디로 나의 갈 길을 알려주는지 관찰하자. 조금씩 느리게 그러나 꾸준하게 백일 동안 하루도 빠트리지 않고 지속하면 습관으로 획득할 수 있다. 습관의 장점은 의식적으로 노력해야 할 수 있던 것을 자연스럽게 저절로 할 수 있게 된다는 데 있다. 안 하면 개운치 않고 찜찜함을 느끼는 경지에 이른다. 습관이 내가 되고 내 삶이 된다.

살다 보면 윤기도 수분도 없이 바삭바삭하게 건조한 날이 있다. 왜 이런 기분일까? 곰곰이 돌아보면 지나치게 유용한 행위만 한 날일 때가 많았다. 사람은 쓸모 있는 일만 하고 살면

숨구멍이 막힌다. 하루에 일정 시간은 아무것도 하지 않거나 아무 데도 쓸데없는 일을 해야 한다. 쓸데없이 시시덕거리거나 쓸데없이 돌아다니거나 쓸데없이 꽃을 사거나 쓸데없이 시를 읽거나 (쓰면 더 좋고) 음악을 듣거나 (연주할 줄 알면 더 좋고) 그림을 보거나 (낙서를 끄적거려도 좋고) 등등.

재미있기로는 사랑과 우정도 대단하다. 그럼에도 여기서 제외한 이유는 재미를 목적으로 사귀는 친구나 연인은 대개 끝이 좋지 않아서이다. 오래된 친구라 해도 크게 다르지 않다. 본디 우정이나 사랑이 나의 감정을 '처리', 또는 '해결' 해주는 용도로 있는 게 아니기 때문이다. 사람과 사람의 만남이 허기질 때 먹는 밥이나 비슷해서야 곤란하다. 허기를 채우느라 무슨 맛으로 먹는지도 모른다. 웬만하면 친구도 연인도 없이 재미있고 멋있게 사는 방법을 터득할 수 있으면 좋겠다. 그런 후에 사귀는 친구나 연인은 나의 필요나 소용을 넘어섰기에 존재 그 자체로 귀하고 소중하다. 진짜 재미있게 지낼 수 있고 멋있는 인연으로 만들 수 있다.

맺히는 게
문제가 아니라)

풀지 못하는 것이)
문제

4

'시원하다', 나는 멋있다는 말보다 시원하다는 말이 훨씬 좋다.
재미나 멋이 없기보다 갑갑함을 못 견디는 성미인가 보다. 이
렇게 말해놓고 자기모순을 발견한다. 성미로 치면 시원해서 명
쾌한 쪽보다 재미있고 멋이 있는 쪽이 좋다. 또 이렇게 말하면
서 스스로 우습다고 생각한다. 왜 있지도 않은 둘 중 하나를 택
하려 하는가? 나를 포함해 세상 사람들 대부분은 딱히 이쪽도
저쪽도 아니고 이랬다가 저랬다가 한다. 만약 시원해서 명쾌한
사람이나 재미있고 멋있는 사람을 봤다면 그 사람의 그런 순간
을 보았을 뿐이다.

　　말이나 행동이 시원하다고 하면 활발하고 서글서글하다

는 뜻이고 몸이 시원하다고 하면 가렵거나 속이 더부룩하던 것
이 말끔히 사라져 기분이 좋다는 소리다. 또 기분이 시원하다
고 하면 답답한 마음이 풀리어 흐뭇하고 가뿐하다는 의미인데
감정 어휘로 표현하면 '후련하다'이다. 사전에서는 후련하다를
'마음에 맺혔던 일이 풀리어 시원하다'로 풀이한다. 감정을 단
순하게 쾌와 불쾌로 나눌 적에 한국인이 최고의 쾌를 나타내
는 어휘로 꼽은 것이 '홀가분하다'라고 하는데 후련하다가 '마
음에 맺혔던 일이 풀리어 시원하다'라면 홀가분하다는 '마음에
얽매이는 것 없이 가볍고 편안하다'이다. 후련하다의 반대 느
낌이 '갑갑하다'라면 홀가분하다의 반대 느낌은 '부담스럽다'
혹은 '귀찮다'일 것이다.

　　한국인이 유독 후련하다나 홀가분하다는 어휘에서 큰 쾌
를 느끼는 배경은 1995년 미국 정신의학회가 '한국 민속증후
군의 하나인 분노증후군'이라고 정의한 '화병hwa-byung'과 연관
이 깊다. 실제로 한국의 직장인 90%가 화병을 앓은 적이 있다
는 설문조사 결과가 있고 보면 맥락이 통한다. 세상사나 심사
나 맺히면 갑갑하고 풀리면 시원하다.

　　그러나 맺혀서 화병을 앓는 게 아니다. 서너 사람만 모여
도 서로 다른 가치 기준이 충돌해 얼굴 붉힐 일이 생기기 마련
이다. 국가나 직장, 가정에서 가슴에 맺히는 일 하나 없이 살기
는 현실적으로 불가능하다. 이 정도는 누구라도 안다. 맺히는

것이 문제가 아니다. 맺힌 것을 풀지 못해서, 풀어주질 않아서, 도무지 풀 방법이 없어서 화병에 걸린다.

글을 짓는 작법에 문제를 제기하고―전개하고―전환하고―끝맺는 '기승전결起承轉結'이 있다면 한국의 전통 장단에는 내고(치고)―달고―맺고―푸는 '기경결해起景結解'가 있다. 쉽게 설명하면 악기를 치면서 가락을 시작하고, 가락을 쌓아올리면서 맹렬하게 달구고, 확실하게 맺고, 다시 풀어준다. 서양음악이 대부분 '땅!' 하고 끝맺는다면 한국의 전통음악은 끝맺은 다음에 (사물놀이의 꽹과리나 장구를 떠올리면 쉬울 것이다) 부드럽고 느린 세기로 '땅꾸궁'이거나 '덩더르르르궁' 식으로 털어주는 가락을 들을 수 있다. 한바탕 논 가락을 다 풀어주는 것이다.

맺음이 끝이 아니라 풀어주는 것까지가 끝이다. 풀어줘야 다시 시작할 수 있다. 실제로 사물놀이에서 풀었다가 그날 현장의 흥에 따라 다시 내서 새로운 가락으로 진입하는 경우도 많다. 이런 전통 장단은 자연의 원리와 무척 닮았다. 새싹을 내는 봄, 열매를 달구는 여름, 열매를 맺는 가을, 모든 잎과 열매를 다 풀어버리고 나서 이듬해 봄을 준비하는 겨울⋯⋯. 맺히는 것이 있어도 풀 수 있다면 얼마든지 새로 시작할 수 있다.

맺혔던 것이 풀리고 나를 답답하고 갑갑하고 언짢게 하는 것들이 풀리고, 이럴 때 느끼는 감정이 후련함이다. 올림픽 경기에서 승리하고 돌아온 국가대표 선수의 얼굴이 대표적이다. 승부에서 이겨서 생긴 성취감도 기쁨의 감정이지만 그간의 압박감을 모두 벗을 수 있다는 것이야말로 최고의 기쁨이다.

　이런 후련함은 스스로 최선을 다했다는 확신이 있을 때 느낄 수 있다. 사물놀이에서 달고 맺는 가락이 무아지경에 이를수록 푸는 가락이 주는 힘이 크다. 그 힘으로 후련함을 느끼고 일상으로 돌아갈 수 있다. 반대로 결과가 아무리 좋아도 최선을 다했다는 확신이 없다면 꺼림칙할 것이다. 반면에 비록 결과가 만족스럽지 않더라도 최선을 다했다면 아쉽기는 하지만 역시 후련할 것이다.

　그러니 기억하자. 맺음이 끝이 아니라 풀기까지가 끝이다. 열렬히 달구고 확실하게 맺은 것일수록 풀기가 주는 후련함의 쾌감이 크다. 개운하고 상쾌하고 시원하다.

사람의
마음을

얼어붙게
만드는 감정

따뜻한 계절이 가면 뜨거워지고 시원한 계절이 가면 차가워진
다. 쌀쌀하다가 쓸쓸하고 서늘하다가 차갑고 절정에서 시리다.
결별이 멀지 않은 인연에게 차례대로 닥치는 수순과 닮았다.

기쁨과 신뢰를 나누며 친밀했던 사람이 나를 보는 눈빛이
나 표정, 말투, 행동이 쌀쌀맞고 차가워지는 순간 슬픔과 공포
를 느낀다. 하나가 되어 나눈 기쁨과 신뢰가 클수록 세기는 강
하리라. 심장이 차갑게 얼어붙어 땅 위에 툭 하고 떨어진다. 둘
사이의 땅이 쩌억 하고 갈라져 순식간에 천 길 낭떠러지가 생
겨버린 것처럼 서늘하다 못 해 시리다.

슬픔이라는 감정에서 약한 세기가 '수심'이고 강한 세기가

'비탄'이다. 공포라는 감정에서 약한 세기가 '불안'이고 강한 세기가 '극심한 공포'이다. 우리에게 슬픔의 감정과 공포의 감정을 동시에 주는 이라면…… 틀림없다. 사랑하는 이다. 사랑하는 사람의 희미한 표정 하나, 짧은 말소리 하나로 심장이 찰나에 열탕에 빠졌다가, 냉탕에 빠졌다가 한다. 사랑의 반대말이 증오가 아니라 무관심이라고 한다지만 내가 생각하기엔 증오도, 무관심도 아닌 경멸이다. 사랑하는 사람이 나를 경멸하는 순간 폭풍처럼 휘몰아치는 비탄과 극심한 공포를 감당할 길 없어 한때 우리라고 자칭한 사이에 갈라져 생긴 천 길 낭떠러지 속으로 몸을 던지고 싶게 만든다. 경멸은 감정의 극지이다. 사람의 마음을 얼어붙게 만드는 얼음 바다이다. 여기에서 살아남는 자, 무엇을 꿈꿀까.

대부분의 사람에게 최초의 슬픔과 공포를 준 대상은 필연적으로 '엄마'이다. 우리는 기억 속의 엄마와 화해했을까. 그렇다면 내 안의 타자가 나를 바라보는 시선이 조금은 따뜻해져서 친밀한 상대가 쌀쌀맞거나 차갑게 굴어도 즉각적으로 과한 슬픔과 공포를, 절망을 느끼는 빈도가 한결 줄지 모른다. 슬픔은 그때 내가 너무 어렸고 엄마 또한 어렸다는 사실에 있다. 이해하면서도 용납하지 못하고 사랑하면서도 용서하지 못한다. 무엇보다 그때의 엄마가 지금의 엄마가 아니다. 지금의 엄마는 더 이상 나에게 슬픔과 공포를 세트로 주지 못한다. 이 사실 또한 슬프다.

지금 내가 느끼는 감정을
적절한 어휘로 표현해보자!

(감각 어휘)

다습다 — 다스하다(따스하다) — 따듯하다(따뜻하다) — 뜨듯
하다(뜨뜻하다) — 따끈하다, 뜨끈하다 — 뜨끔뜨끔하다 — 후끈
하다 — 덥다 — 뜨겁다 — 미지근하다(뜨뜻미지근하다, 미적지
근하다) — 건조하다 — 촉촉하다 — 상쾌하다 — 시원하다 —
개운하다 — 사늘하다(싸늘하다) — 서늘하다 — 쌀쌀하다 — 쓸
쓸하다 — 으스스하다 — 차(갑)다 — 시리다 — 춥다

‘다습다’는 ‘알맞게 따뜻하다’이다. 온도를 약간 올리면 ‘다
스하다’로 ‘조금 다습다’이고 ‘따스하다’는 다스하다의 센말이
다. 여기서 또 온도를 올리면 ‘따뜻하다’가 되어 ‘덥지 않을 정

도로 온도가 알맞게 높다'는 뜻이다. 여린말이 '따듯하다'이다.
'뜨듯하다', '뜨뜻하다'는 '뜨겁지 않을 정도로 온도가 알맞게
높다'이며 '따끈하다', '뜨끈하다'는 '꽤 따뜻하고 더운 느낌이
있다'이다. 계절로 치면 봄의 온도이다.

　　일시적인 열감을 가리키는 말도 있다. '뜨끔하다'에는 세 가
지 뜻이 있다. '[1]갑자기 불에 닿은 것처럼 몹시 뜨거운 느낌이
들다, [2]마음에 큰 자극을 받아 잇따라 뜨거운 느낌이 있다, [3]찔
리거나 얻어맞은 것처럼 자꾸 아프다'이고 '후끈하다'는 '몸이
나 쇠 따위가 뜨거운 기운을 받아서 갑자기 몹시 달아오르다'
이다. '화끈하다'도 비슷한 뜻으로 쓰이며 성질을 나타낼 때는
'일을 아주 시원스럽게 하는 맛이 있다'는 의미다.

　　몸에서 땀이 날 만큼 체온이 높은 느낌이 '덥다'라면 '뜨겁
다'는 '상당한 자극을 느낄 정도로 온도가 높다'이다. 감정이나
열정 따위가 격렬하다는 비유로도 쓰인다. 여름의 기온이다.

　　'미지근하다'는 '더운 기운이 조금 있는 듯하다'이고 행동
이나 태도가 분명하지 못하고 철저하지 못하다는 의미로도 쓰
인다. 비슷한말로 '뜨뜻미지근하다', '미적지근하다' 등이 있다.
'건조하다'는 '물기나 습기가 없다'는 뜻이고 '분위기, 정신, 표
현, 환경 따위가 여유나 윤기 없이 딱딱하다'는 의미도 갖는다.
'촉촉하다'는 반대로 '물기가 있어 조금 젖은 듯하다'이며 여기
서 물기를 조금 더하면 '축축하다'가 되고 또 더하면 '눅눅하

다', '꿉꿉하다'가 된다.

'상쾌하다'는 '느낌이 시원하고 산뜻하다'이다. 알맞게 따뜻한 것이 '다습다', '다스하다'라면 '시원하다'는 '덥거나 춥지 아니하고 알맞게 서늘하다'이다. 온도 외에도 답답한 마음이 풀리어 흐뭇하고 가뿐한 감정을 가리키기도 한다. '개운하다'는 상쾌하다와 비슷한 뜻이나 구체적으로 기분이나 몸의 상태와 더불어 쓰인다.

'사늘하다'는 '물체의 온도나 기온이 약간 찬 느낌이 있다'이고 센말이 '싸늘하다'이다. 여기서 온도를 약간 낮춘 '서늘하다'는 '물체의 온도나 기온이 꽤 찬 느낌이 있다'이다. '쌀쌀하다'는 '날씨나 바람 따위가 음산하고 상당히 차갑다'이고 '쓸쓸하다'는 '날씨가 으스스하고 음산하다'이다. 사늘하다(싸늘하다), 서늘하다, 쌀쌀하다, 쓸쓸하다 모두 감정 어휘로도 활용할 수 있으나 특히 외롭고 적적한 기분을 나타내는 어휘로 '쓸쓸하다'를 많이 쓰는 경향이 있다. 계절로 치면 가을의 기온이다.

'으스스하다'는 차거나 싫은 것이 몸에 닿았을 때 크게 소름이 돋는 느낌이며 '차(갑)다'는 '몸에 닿은 물체나 대기의 온도가 낮다'이고 '시리다'는 '몸에 닿은 물체나 대기의 온도가 추위를 느낄 정도이다'이다. 여기서 온도를 더 낮추면 '춥다'가 되어 몸이 떨리고 움츠러들 만큼 찬 느낌이다. 겨울의 기온이다.

평안-기쁨-황홀의 감정 어휘

흔히 '좋다'고 표현하는 말

☐ **마음이 부담이 없이 가볍고 편안하다**

가뿐하다 / 개운하다 / 상쾌하다 / 시원하다 / 산뜻하다 / 가볍다 / 홀가
분하다 / 간단하다

☐ **답답하거나 갑갑하여 언짢던 것이 풀린 마음**

후련하다 / 개운하다 / 시원하다

☐ **어떤 일이 잘 진행되어 마음을 놓다**

안심하다 / 안도하다 / (천만)다행이다 / 대견하다 / 긴장이 풀리다

☐ **마음이 편하고 걱정이 없이 좋다**

편안하다 / 안락하다 / 아늑하다 / 무사하다 / 포근하다 / 포실하다

☐ **걱정이나 탈이 없다, 또는 무사히 잘 있다**

평안하다 / 안녕하다

☐ **마음이나 분위기가 조용하고 평안하다**

평온하다 / 아늑하다 / 그윽하다 / 따듯하다(따뜻하다) / 고요하다

/ 잔잔하다 / 평화롭다

☐ 마음이나 분위기가 정답고 포근하다

따뜻하다 / 따듯하다 / 아늑하다 / 오붓하다 / 포근하다

☐ 성품이나 태도가 따뜻하다

정답다 / 정겹다 / 다정하다 / 다정다감하다 / 자상하다 / 상냥하다 / 친
절하다 / 사근사근하다 / 서글서글하다 / 살갑다 / 곰살맞다 / 온화하다
/ 인자하다

☐ 마음이 넓고 아량이 있다

넉넉하다 / 너그럽다 / 관대하다 / 시원하다 / 서글서글하다/ 느긋하다
/ 여유롭다 / 유연하다 / 인자하다 / 어질다 / 슬기롭다 / 자애롭다 / 자
비롭다

—

[1]마음의 그릇이 넓으면 [2]대상이나 사물을 대하는 태도가 상냥하며 [3]사고에 막
힘이 없으며 [4]사리를 바르게 판단하고 일을 잘 처리해낼 수 있을 뿐 아니라
베푸는 사랑과 정이 깊다. 1에 해당하는 어휘가 '넉넉하다', '너그럽다', '관대
하다'이고 2에 해당하는 어휘가 '시원하다', '서글서글하다'이다. 3에 해당하
는 어휘가 '느긋하다', '여유롭다', '유연하다'인데 느리다와 비슷한말로 오해
하기 쉬운 '느긋하다'는 '마음에 흡족하여 여유가 있고 넉넉하다'이다. 또 여
분이나 비슷한말로 여기기 쉬운 '여유롭다'는 '느긋하고 차분하게 생각하거나
행동하는 마음의 상태'이기도 하지만 '대범하고 유연하게 일을 처리하는 마
음의 상태'이기도 하다. 부드럽다와 비슷한말로 쓰이기도 하는 '유연하다'는
'침착하고 여유가 있다'는 뜻이다. 4에 해당하는 어휘가 '인자하다', '어질다',
'현명하다', '슬기롭다', '자애롭다', '자비롭다'이다. 근육 키우기와 마찬가지로

마음의 그릇을 꾸준한 노력으로 넓히는 것이 중요하다. 마음 그릇이 커질수록 기쁨이 차오른다.

☐ 정다운 사이를 느끼는 마음

사이좋다 / 원만하다 / 가깝다 / 두텁다 / 도탑다 / 돈독하다 / 깊다 / 허물없다 / 찰떡같다 / 친근하다 / 친숙하다 / 친밀하다 / 긴밀하다 / 밀접하다 / 살갑다 / 친하다 / 막역하다

☐ 마음이 모자람 없이 충분하고 넉넉하다

만족스럽다 / 흡족하다 / 흐뭇하다 / 달다 / 즐겁다 / 기쁘다

☐ 기쁨이나 감격이 마음에 넘칠 듯이 가득하다

뿌듯하다 / 벅차다 / 보람되다 / 보람차다

☐ 생활에서 충분한 만족과 기쁨을 느끼어 흐뭇하다

행복하다

☐ 남 앞에 내세울만한 것임을 드러내어 보이는 마음

으쓱하다 / 우쭐하다 / 우쭐거리다 / 우쭐우쭐하다 / 의기양양하다 / 뽐내다 / 자랑스럽다 / 당당하다 / 과시하다

☐ 어떤 일을 해낼 수 있다거나 어떤 일이 꼭 그렇게 되리라는 데 대하여 스스로 굳게 믿는 마음

자부하다 / 자신하다 / 자신만만하다

☐ 나무랄 것이 없는 것을 보았을 때 흐뭇하고 흡족한 마음

대견하다 / 기특하다 / 갸륵하다 / 신통방통하다 / 멋지다 / 멋있다 / 근사하다 / 준수하다 / 번듯하다 / 아름답다 / 눈부시다 / 황홀하다 / 훌륭하다

☐ 여럿 가운데 월등하게 두드러지거나 앞선 것을 느끼는 마음

뛰어나다 / 빼어나다 / 특별하다 / 우뚝하다 / 걸출하다 / 출중하다 / 탁월하다 / 찬란하다 / 대단하다 / 굉장하다 / 위대하다

☐ 크게 느끼어 마음이 움직이다

감동하다 – 감격하다 – 감탄하다 – 경탄하다 – 감개무량하다 – 감명 깊다
—

크게 느끼어 마음이 움직이는 것이 '감동'과 '감격', '감탄', '경탄' 등이라면 '감개무량'은 그러한 느낌이 끝이 없다는 뜻이며 '감명'은 감동이나 감격을 마음에 깊이 새긴다는 의미까지 포함한다.

☐ 마음에 거슬림이 없이 흐뭇하고 기쁘다

즐겁다 / 재미있다 / 유쾌하다 / 신나다 / 신명나다 / 신바람이 나다 / 흥겹다 / 흥미롭다 / 흥미진진하다 / 흔쾌하다 / 통쾌하다 / 희희낙락하다 / 희열을 느끼다
—

우리말에 유쾌한 기분을 나타내는 어휘가 이처럼 다양하다. '즐거움'이 마음에 거슬림이 없이 흐뭇하고 기쁜 감정이라면 '재미'는 아기자기하게 즐거운 기분이나 느낌이며 '신'은 어떤 일에 흥미나 열성이 생겨 매우 좋아진 기분, '흥'은 재미나 즐거움을 일어나게 하는 감정이다. '흔쾌하다'는 '기쁘고 유쾌하다', '통

쾌하다'는 '아주 즐겁고 시원하며 유쾌하다'이며 '희희낙락'은 '매우 기뻐하고 즐거워함'이라는 뜻으로 '희열', '희락', '흔열' 등과 비슷한 말이다.

☐ 흥미나 호기심, 관심 등이 생겨 조금 흥분된 마음

설레다 / 부풀다 / 들뜨다 / 들썩이다 / 두근거리다 / 울렁이다 / 떨리다 / 짜릿하다 / 상기되다

☐ 어떤 일이나 사물 따위에 대하여 좋은 느낌을 가지다

좋아하다 / 사랑스럽다 / 예쁘다(어여쁘다) / 귀엽다 / 아름답다 / 소중하다 / 귀하다 / 고귀하다 / 귀중하다 / 중요하다 / 금쪽같다 / 아끼다 / 애지중지하다 / 위하다 / 보살피다 / 존중하다 / 사랑하다

—

대표적인 승자독식 어휘 중 하나인 '좋다'는 다양한 뜻을 가지지만 기쁨의 감정에서 '좋다'는 '대상의 성질이나 내용 따위가 보통 이상의 수준이어서 만족할만하다'이고 '좋아하다'는 '좋은 느낌을 가지다'이다. 여기서 보통 이상의 수준이란 사랑스럽다, 예쁘다, 귀엽다, 아름답다 등의 느낌을 주는 사물이나 대상을 일컫는다. '사랑스럽다'는 '생김새나 행동이 사랑을 느낄 만큼 귀여운 데가 있다'이고 '예쁘다'는 '[1]생긴 모양이 아름다워 눈으로 보기에 좋다, [2]행동이나 동작이 보기에 사랑스럽거나 귀엽다'이며 '귀엽다'는 '예쁘고 곱거나 또는 애교가 있어서 사랑스럽다'이다. 또 '아름답다'는 '[1]보이는 대상이나 음향, 목소리 따위가 균형과 조화를 이루어 눈과 귀에 즐거움과 만족을 줄 만하다, [2]하는 일이나 마음씨 따위가 훌륭하고 갸륵한 데가 있다'이다. 사랑스럽다, 예쁘다, 귀엽다, 아름답다 등을 느끼면 그 존재를 귀하고 중요하게 여겨 몹시 보살피거나 위하는 마음을 가지는데 이것이 바로 '사랑'이며 '존중'이다.

☐ 뜻한 대로 되게 하다

이루다 / 실현하다 / 펼치다 / 현실화하다 / 전개하다 – 이룩하다 / 세우
다 / 달성하다 / 완수하다 / 성취하다 / 관철하다 / 완성하다

—

무엇을 하겠다고 속으로 먹은 마음대로 되게 하는 것을 두고는 '이루다', '실
현하다', '펼치다', '현실화하다', '전개하다'가 어울리고 목적을 이루는 것을 두
고는 '이룩하다', '세우다', '달성하다', '완수하다'가 어울린다. '성취하다'는 둘
다에 어울리며 마음대로, 혹은 목적대로 이루어진 것의 최종이 '완성하다'로
완전히 다 이루었다는 뜻이다.

☐ 힘이 나도록 북돋움을 받아 용기나 의욕이 나다

격려를 받다 / 고무되다 / 고양되다 / 고취되다 / 독려(를) 받다

☐ 가슴에서 일어나는 감정이 매우 강하고 세차다

열렬하다 / 열광하다 / 정열적이다 / 미치다 / 빠지다 / 날뛰다

☐ 살아 움직이는 힘이 힘차다

활기차다 / 생기가 돌다 / 활력이 있다 / 원기왕성하다 / 기세가 좋다 /
기운이 나다 / 활발하다 / 명랑하다

☐ 남이 베풀어준 호의나 도움 따위에 대하여 마음이 흐뭇하고 즐겁다

고맙다 / 감사하다

—

'고맙다'는 순우리말로 뜻풀이대로이며 감사는 한자어로 '감사하다'는 '고마
운 마음이 있다'이다.

□ 그리워하던 사람을 만나거나 원하는 일이 이루어져서 마음이 즐겁
고 기쁘다

반갑다

흔히 '싫다' 혹은 '나쁘다'고 표현하는 말

□ **어떤 것이 더 이상 흥미를 끌지 못하거나 귀찮아서 싫어하는 마음이 생기다**

싫증나다 / 지루하다 / 따분하다 / 무료하다 / 권태롭다 / 지겹다 / 지긋지긋하다 / 넌더리가 나다 / 갑갑하다 / 답답하다

—

'싫증'은 싫은 생각이나 느낌을 뜻하는 명사다.

□ **하는 일이 없어 지루하고 재미가 없다**

심심하다 / 따분하다 / 권태롭다 / 무료하다 / 무의하다

□ **마음에 들지 않고 차지 않는다**

싫다 / 신통찮다 / 심드렁하다 / 시큰둥하다 / 떫다 / 떨떠름하다 / 귀찮다 / 성가시다 / 거추장스럽다 / 번거롭다 / 달갑잖다 / 못마땅하다 / 불만스럽다 / 언짢다

□ **하는 짓이나 꼴이 제격에 맞지 않고 눈꼴 사납다**

같잖다 / 꼴불견이다

☐ **속에 거슬리게 싫다**

더럽다 / 역겹다 / 징그럽다 / 끔찍하다 / 소름(이) 끼친다 / 흉하다 / 혐오스럽다

☐ **마음이 자연스럽지 아니하고 편하지 않다**

불편하다 / 편찮다 / 거북하다 / 곤란하다 / 어색하다 / 겸연쩍다 / 서먹하다 / 어렵다

☐ **마음에 걸려 언짢고 싫은 느낌이 있다**

찜찜하다 / 찝찝하다 / 꺼림칙하다 / 께름칙하다 / 걸리다

☐ **어떤 의무나 책임을 져야 할 듯한 느낌이 있다**

짐스럽다 / 부담스럽다 / 부하되다

☐ **이도 저도 아닌 분명하지 않은 마음**

모호하다 / 애매하다 / 흐리터분하다 / 흐리멍덩하다 / 어중간하다 / 어정뜨다 / 미지근하다 / 알쏭달쏭하다

☐ **이리 저리 생각만 하고 태도를 결정하지 못하는 마음**

망설이다 / 주저하다 / 머뭇거리다 / 머무적거리다 / 어물거리다 / 우물쭈물하다 / 엉거주춤하다 / 어정쩡하다

☐ **방향을 잡지 못하고 이리저리 돌아다니는 마음**

갈팡질팡하다 / 갈팡거리다 / 우왕좌왕하다 / 헤매다 / 방황하다 / 표류하다

☐ 매우 싫은 마음이 들다

밉다 / 혐오하다 / 증오하다

—

'싫다'가 '마음에 들지 않거나 차지 않는다'라면 '밉다'는 '마주하거나 보거나 듣거나 겪거나 함께 하고 싶지 않다'이다. '혐오하다'는 '싫다'와 '밉다'가 모두 있는 감정이고 '증오하다'는 사무치게 미워하는 감정이다.

☐ 낮추어 보거나 하찮게 여겨 명예나 자존감 등에 손상을 주는 마음이나 태도

업신여기다 / 깔보다 / 얕보다 / 무시하다 / 낮잡다 / 비웃다 / 비하하다 / 깔아뭉개다 / 망신을 주다 / 경멸하다 / 멸시하다 / 모멸하다

—

대상이 주로 타자이지만 때로 자기 자신이 되기도 한다. '자기를 비웃다'가 '자조하다'이고 스스로를 무시하거나 비하하는 감정을 통틀어 '자기혐오'라 한다. 그러나 프리드리히 니체는 《차라투스트라는 이렇게 말했다》에서 "위대한 경멸의 순간"이라는 표현을 통해 초인으로 가기 위해서는 스스로의 행복, 이성, 덕이 역겨워지는 순간이 필요하다고 주장했다.

☐ 비웃거나 깔보면서 놀리는 마음이나 태도

조롱하다 / 모욕하다 / 수모를 주다 / 비난하다 / 손가락질하다 / 씹다 - 지적하다 / 비판하다 / 평가하다

—

'조롱하다'가 '비웃거나 깔보면서 놀리다'라면 '모욕하다'는 '깔보고 욕되게 하다'이고 '비난하다'는 '남의 잘못이나 결점을 책잡아서 나쁘게 말하다'로 셋다 '손가락질하다', '씹다' 등과 비슷한 느낌을 갖는다. '비난하다'와 '지적하다'

를 '비판하다', '평가하다'와 구별해 써야 한다. '비난하다'가 '손가락질하다'나 '씹다'와 비슷한 뜻이라면 '지적하다'는 '허물 따위를 드러내어 폭로하다'라는 의미가 있다. 이와 달리 '비판하다'는 '현상이나 사물의 옳고 그름을 판단하여 밝히거나 잘못된 점을 지적하다'이며 '평가하다'는 '사물의 가치나 수준 따위를 평하다'이다. 평가를 하는 입장에서는 비난이 아닌 비판을 해야 하고 평가를 받는 입장에서는 비난이나 지적이 아닌 비판으로 받아들이는 태도가 필요하다.

☐ **잘난 체하며 남을 낮추어 보거나 하찮게 여기는 마음**

교만하다 / 오만하다 / 거만하다 / 건방지다

☐ **다른 사람을 볼 낯이 없거나 스스로 떳떳하지 못한 느낌**

부끄럽다 / 창피하다 / 민망하다 / 수치스럽다

☐ **남에게 억눌리어 업신여김을 받은 감정**

수치스럽다 / 치욕스럽다 / 굴욕적이다

☐ **가치가 없다고 느끼는 마음**

보잘것없다 / 변변찮다 / 대수롭지 않다 / 초라하다 / 궁상맞다 / 볼품없다 / 하찮다

☐ **용기나 줏대가 없이 남에게 굽히기 쉬운 마음이나 태도**

비굴하다 / 비겁하다 / 비열하다 / 야비하다

☐ 마음에 들지 않아 탓하거나 불평을 품고 미워하다

원망하다 / 탓하다 / 비난하다 / 책잡다

☐ 정 없이 차가운 마음이나 태도

무심하다 / 무관심하다 / 쌀쌀맞다(쌀쌀하다) / 매정하다 / 매섭다 / 독하다 / 사납다 / 냉담하다 / 냉랭하다 / 냉정하다

☐ 자신이 선택하지 않은 홀로됨에서 오는 감정

외로움 → 소외감 → 고립감 → 무력감

—

'소외감'은 남에게 따돌림을 당하여 멀어진 듯한 느낌이고 '고립감'은 남의 도움을 받지 못하여 홀로 된 느낌이다. '홀로 되어 쓸쓸한 마음이나 느낌'이라는 뜻을 가지는 '외로움'보다 절실한 감정이다. 소외감과 고립감은 무력감으로 이어질 수 있는데 '무력감'은 '스스로 힘이 없음을 알았을 때 드는 허탈하고 맥빠진 듯한 느낌'이다. 반면에 '고독'은 자의로 선택한 외로움이라 할 수 있다.

사는 동안 견디기 힘든 아픔을 무수히 겪는다.

묵묵히 견디는 것이 최선일까.

아픔을 보다 세밀하게 표현하면 해결 방법을 모색할 수 있다.

아픔을 좌우하는 요소들로 나눌 수 없는 기쁨,

애도 받지 못하는 슬픔, 존중받지 못하는 분노, 물리칠 수 없는 혐오,

보호받지 못하는 공포(불안·걱정·두려움), 발견할 수 없는 희망,

인정받지 못하는 신뢰 등이 있으며 충족되지 못할 때

슬픔과 걱정·불안·두려움·상실감 등을 느낀다.

우리를 아프게 하는 것은 감정 그 자체가 아니라

감정에 대한 스스로의 반응이다.

3장

'아프다'에서 '근질근질하다'까지,
그리고 그 사이

통각으로
신호를 보내는 감정

아프다 ············· 괜찮다 ············· 근질근질하다

(감정)

슬픔

걱정

불안

두려움

상실감

(통각을 좌우하는 요소들)

나눌 수 없는 기쁨, 애도 받지 못하는 슬픔, 존중받지 못하는 분노, 물리칠 수 없는 혐오, 보호받지 못하는 공포(불안·걱정·두려움), 발견할 수 없는 희망, 인정받지 못하는 신뢰, 충족되지 못하는 욕구 ↑↓

(감각 어휘)

아프다 ─ 따갑다 ─ 쑤시다 ─ 아리다(아릿하다) ─ 저리다(저릿하다) ─ 쓰리다 ─ 쓰라리다 ─ 자리다(자릿하다, 짜릿하다) ─ 후비다 ─ 찢기다 ─ 뻐근하다 ─ 미어지다 ─ 기진맥진하다 ─ 편하다 ─ 괜찮다 ─ 딱딱하다 ─ 말랑말랑하다 ─ 간질간질하다 ─ 근질근질하다

아프다는 괴로움 VS

근질근질하다는
어려움

1

'아프다'는 '몸이나 머리, 마음에 두루 쓸 수 있고 괴로운 상태에 있다'이다. '근질근질하다'는 '어떤 일을 매우 하고 싶어 참기가 어렵다'이다. 아픈 거나 근질근질한 거나 참기 힘들다는 공통점을 갖는데 '아프다'는 괴로움 때문에, '근질근질하다'는 어려움 때문에 그러하다. 괴로움과 어려움, 모든 철학과 종교, 예술 등은 그 소멸을 궁극적인 목적으로 한다고 해도 과언이 아니다. 괴로움을 소멸시켜 즐거움과 기쁨을 구하고, 어려움을 소멸시켜 평온함을 누리고자 하는 것이다.

　괴로움이 수용하거나 견뎌낼 수 없을 정도로 큰 느낌이라면 어려움은 곤란이나 시련이 많아 힘에 겨운 느낌이다. 일정한 상황에서 어느 어휘가 적확한지는 무의미하다. 같은 상황에서 누구는 괴로움을, 다른 누구는 어려움을 느낄 것이다. 그러나 아픔을 느끼는 이의 괴로움과 간질간질함을 느끼는 이의 어려움은 낙담과 기대만큼이나 간극이 크다. 아프다와 간질간질하다 사이에 '괜찮다', '편하다'가 있다. 아픔은 '괜찮다', '편하다'를 거치면서 고자누룩해진다. 괜찮다가 '별로 나쁘지 않다'라면 편하다는 '괴롭거나 거북하지 않고 편안하다'이다. 아픔은 '근질근질하다'에 이르러야 해소된다.

마음이 아플 땐 아무것도 하고 싶지 않고 아무것도 할 수 없다. 씻고 먹고 자는 기본적인 기능조차 마비돼서 부엌 싱크대와 욕실 세면대의 물기는 완전히 말라붙어 먼지가 내려앉고 며칠째 잠을 자지 못한 머릿속만큼이나 집안 공기는 탁하다. 누구에게도 아무것도 받을 수조차 없는 까닭은 난파선처럼 부서져 망망대해를 떠다니고 있어서이다. 괜찮냐고 물으면 괜찮다고 거짓으로 응대할 수밖에 없을 것이고 당신이 나에 대해 걱정하는 것을 걱정하는 것이 힘에 부치다.

그러다 어느 날인가 없던 창문이 새로 난 것처럼 눈에 들어오고 창문 너머 어린이들이 온몸으로 웃는 소리가 들린다. 이윽고 하늘이 보이고 바람 냄새가 맡아진다. 갑자기 큰 숨을 쉬고 싶어 신발을 꿰차고 밖으로 나간다. 사람들이 북적북적

모여 있는 광경을 보고 빨리듯 마트에 들어가 몇 가지 식재료
를 사서 집으로 돌아와 팔을 걷어붙이고 쌀을 씻고 콩나물과
파를 다듬는다. 틀어놓은 라디오에서 처음 듣지만 내가 좋아하
는 리듬이 나오고 밥 짓는 냄새와 국 끓는 냄새가 옅게 떠돈다.
가진 그릇 중 제일 예쁜 그릇에 밥을 퍼서 한 입씩 넣고 씹고
목구멍으로 넘길 때마다 따스하고 폭신하다. 설거지를 하고 청
소를 하는데 나도 모르게 나지막하게 콧노래를 흥얼거리고 있
다. 침대보와 이불보를 새로 바꾸고 "네가 편해지면 언제든 연
락해."라고 문자 남긴 친구에게 "이제 나 괜찮다."는 문자를 남
기고 이불 속에 들어가 잠을 청하는데 어쩐지 딱딱했던 심장이
조금은 말랑말랑해진 것도 같다.

　　이제 일상으로 돌아가도 될 것 같다. 그럴 수 있을 것 같
다. 내일은 밑반찬을 몇 가지 더 만들고 빨래를 하고 산책을 하
고 서점에 들러 신간을 둘러봐야겠다. 꽃도 사고 연필도 사야
겠다. 그러고 싶다. 일상으로 돌아가고 싶다. 내일은 어제만큼
아프지 않고 오늘보다 편할 것 같은 예감, 간질간질하다. 어쩌
면 모레쯤은 말괄량이 삐삐처럼 보는 것마다 번쩍번쩍 들어올
릴 수 있을 것 같고 뭐라도 저지르고 싶어서 기분이 근질근질
한 날이 올 것이다.

(아픔에
　반응하는

내 감정에
　귀 기울여라)

2

죽음이나 이별, 실패 등을 경험한 이에게 직접적인 표현 대신 "아픔을 겪었다"라고 에둘러 표현한다. 그러면서 정작 몸이 다치거나 병들었을 때는 아픔을 겪었다고 하지 않고 아팠다고 한다. 마음의 아픔에는 '겪다'가 있지만 몸의 아픔에는 '겪다'가 없다. '어렵거나 경험될만한 일을 당하여 치르다'가 '겪다'이다. 몸의 아픔과 달리 마음의 아픔은 경험이 될 수 있다는 의미일까.

　"아픈 적이 없다"는 말은 "웃으면서 태어난다"는 말만큼이나 빤한 거짓말이다. 인간은 태어나면서부터 아픔을 겪는다. 그렇지 않고서야 왜 세상에 나자마자 누가 꼬집기라도 한 것처럼 자지러지게 울음을 터트리겠는가.

　아픔은 대개 날카로운 느낌으로 온다. 아픔을 비유하는 어휘를 보면 끝이 뾰족하거나 날이 서 있는 날카로운 도구로 찌르고 쑤시고 후비고 찢는 형세를 취한다.

　'뜨끔하다'는 '찔린 것처럼 아프다'이고 '따갑다'는 '찌르듯이 아프다'이며 '아리다'는 '찌르는 듯이 아프다'이다. 셋 다 찔리는 느낌이지만 반응하는 감정 부위가 다르다. 뜨끔하다가 양심이나 비밀, 죄책감을 건드려 정곡을 찔린 느낌이라면 따갑다는 주위의 시선이나 비난이 나의 기분을 찌르는 듯한 느낌이다. 아리다는 찌르는 느낌이 더욱 생생해 매우 고통스러운 느낌이다. '찌르다'와 '찔린다'는 그 자체로 아픔을 대변하는 어휘가 되기도 한다. 말이 비수가 되어 가슴을 찌르고, 대수롭지 않은 말에 괜히 도둑이 제 발 저린 것처럼 가슴이 찔린다.

　아픔을 묘사할 때 찌르다 못지않게 비유되는 어휘가 '쑤시다'로 가늘고 긴 꼬챙이 같은 것으로 이리저리 긁어 파고 뒤집고 흐트러트리는 느낌이다. 아리다와 함께 극심한 마음의 고통을 표현하는 어휘 '쓰리다'와 '저리다'가 바로 그 쑤시는 아픔이며 '뼈저리다'에서 최고조에 이른다. '어떤 감정이 골수에 사무치도록 정도가 깊다'는 뜻이다. 최근 신조어로 '뼈 때리다'가 있는데 어감으로는 뼈아프다거나 뼈저리다의 증상을 낳고야 말 거 같지만 정곡을 찌르는 느낌을 과장한 말이다. 그러나 그 정곡이 스스로 어떻게 해도 극복하기 힘든 조건이나 약점이라면 뼈아프고 뼈저릴 것이다.

쑤시는 아픔이 슬픔, 분노, 증오, 공포 등의 감정과 확연히 다른 결을 가진 기대의 감정으로 올 때도 있다. '짜릿하다'이다. '심리적 자극을 받아 마음이 순간적으로 조금 흥분되고 떨리는 듯하다'인데 쏙쏙 쑤시듯이 아픈 느낌으로 온다. 이것은 집중할 수 있는 것, 혹은 집중해야 할 것이 나타났다는 신호이다. 기대의 감정에서 약한 세기가 흥미나 관심이고 강한 세기가 주의나 경계이다. 지금 내가 느끼는 짜릿함은 관심을 알리는 신호일까, 경계를 알리는 신호일까. '관심이 있다'와 '경계한다'는 의미는 반대라도 집중할 것이 생겼다는 점에서 통한다.

아픔을 나타내는 또 다른 말로 '후비다'와 '찢기다'가 있다. 후비다는 '틈이나 구멍 속을 긁거나 파내다'로 '가슴을 후비다'라고 하면 '마음을 몹시 괴롭게 하거나 아프게 하다'라는 뜻이 된다. 찢기다는 '물체를 잡아당겨 갈리다'로 '가슴이 찢기다'라고 하면 '심한 마음의 고통을 받다'라는 뜻이다.

나쁜 일이 나와 부딪쳐 깨진다. 파편들이 보이지 않는 송곳이 되고 칼이 되어 가슴을 찌르고 쑤시고 후비고 찢는다. 아리고 쓰리고 저리다. 그 느낌이 과도해서 감당하기 힘든 지경에 이르면 가슴이 뻐개지는 것 같고 터질 것 같다. 뻐근하고 미어진다. '뻐근하다'는 힘에 겨울 정도로 몹시 벅찬 느낌이고 '미어지다'는 고통이나 슬픔이 꽉 차다 못 해 찢어질 듯한 느낌이다. 사람을 끝내 기진맥진하게 만든다. 기운이 다하고 맥이 다 빠져 스스로 가누지 못할 지경이 된다.

고통으로 가슴이 뻐개지는 것 같은데 저절로 숨이 끊어지지 않는 것이 기이하다고 여긴 순간이 있었다. 뻐근하고 미어지다 못 해 기진맥진한 상태에 이르면 경험하는 기이함이다. 그 정체는 '겪다'에 있지 않을까. 죽으라고 생긴 것이 아니라 겪으라고 생긴 것이고 죽지 않고 겪으면 기억으로 남아 앞으로 행동을 선택하고 판단하는 데 주요한 감정의 근거가 된다.

선택이나 결정에 대해 생각하면 '최소의 희생으로 최대의 효과를 구한다.'는 효율성이 가장 먼저 떠오른다. 사람의 선택은 그 효율성을 배반할 때가 적지 않다. 사람에게는 돈보다 심지어 목숨보다 더 중요한 것이 있고 기꺼이 맞바꿀 수 있다. 바로 '자존심'이다. 자존심 같은 거 엿이나 바꿔 먹으라는 식으로 폄훼한다면 인간을 모르고 하는 소리다. 절대로 자존심을 간과해서는 안 된다. 대부분의 사람은 '자기 자존심 보호의 법칙'에 따라 선택하고 행동한다. (자존심 보호의 법칙은 내가 만들어낸 말이다.) 우리는 아픔을 겪으면서 언제 나의 자존심이 다치는지, 어떻게 타인의 자존심을 다치게 하는지, 그래서 어떻게 스스로 보호해야 하고 타인을 보호해주어야 하는지에 대한 경험치를 쌓아간다. 더불어 더 고귀한 가치를 위해 자존심을 버려야 할 때도 터득한다. 돈을 우선시하는 시각으로는 최대의 희생으로 최소의 효과를 구하는 것으로 보일 수도 있는 게 인간의 선택이다.

선택은 대체로 이런 과정을 거친다. A와 B, 둘 중 한 가지를 선택해야 한다고 치자. A를 선택해서 현실이 됐을 때와 B를 선택해서 현실이 됐을 때 어떤 기분일지 상상하고 예측한다. (감수성이 풍부하면 폭넓은 상상을 할 수 있으므로 유리하다고 볼 수 있다.) 이때 스크루지 영감처럼 오로지 돈만 많이 남기는 선택을 하는 사람은 거의 없을 거라 본다. 보편적으로 미래의 내가 진정으로 만족스럽고 행복하기를 바라고 그것을 이룰 수 있는 선택을 한다. 살다 보면 간혹 오로지 돈만을 추구하는 선택을 하는 순간이 있기는 하다. 대부분의 경우 중도에 포기한다. 행복할 줄 알았는데 행복하지 않기 때문이다. 그 또한 경험이다.

모든 사람이 결코 아픈 만큼 현명해지지는 않는다. 도리어 더 어리석어지는 사람도 쌨다. 아픔을 제대로 겪지 않아서이다. 아픔이 없었다는 소리가 아니라 아픔에 귀를 기울이지 않았다는 의미다.

사람은 아파서 아리고 저리고 쓰리고 뻐근하고 미어지고 기진맥진하는 과정을 겪으면서 어떻게 해야 괜찮아지고 편해지고 말랑말랑해지고 간질간질해지는지 방법을 터득해간다.

아픔에 반응하는 자신의 감정에 깊이 귀 기울인다면 점점 현명한 선택을 할 수 있을 것이다. '오늘 그렇게 하지 못했다.'는 감정에 사로잡힐 필요는 없다. 그래서 내일은 잘할 수 있을 것 같다는 느낌이 의미 있다.

당신이

감정조절에
실패하는 이유

3

매를 맞는 사람이 얼마나 많았던지 조선시대 명의 허준은 《동
의보감》에 '타착불통방打着不痛方'이라는 예방법을 써두었다. 매
를 맞아도 아프지 않은 처방이라는 뜻으로 맞기 전에 미리 복
용하면 맞아도 아프지 않다고 했는데 이때 사용하는 백랍이라
는 약재는 통증을 멎게 할 뿐 아니라 지혈하고 새살을 돋게 하
는 효능이 있다고 한다.

　　한의학에서는 통증을 어혈로 막혀 통하지 않는 것에 원인
이 있다고 보고 어혈을 제거하는 처방을 쓴다. 요즘으로 말하면
사랑니 빼러 가기 전에 미리 먹는 진통제 같은 셈인데 이런 진
통제가 마음의 아픔을 줄이는 데도 효과가 있을까 하는 호기심

을 가지고 꽤 많은 신경과학자와 심리학자들이 연구했다. 그리고 공통적으로 나온 연구결과, "진통제를 복용하면 마음의 아픔을 느끼는 정도가 눈에 띄게 줄어든다."이다. 두통, 치통, 생리통에 먹는 약을 마음이 아플 때 먹어도 효과가 있다니 수년 전에 이 뉴스를 처음 들었을 때 신선하다 못해 충격적이었다.

　얼토당토않은 소리가 아닌 원리는 인간의 뇌가 마음의 아픔과 몸의 아픔을 구별하지 못하고 똑같이 받아들이는 것에 있다. (뇌는 몸과 마음의 느낌뿐 아니라 실제와 상상도 구분하지 못하고 현재와 과거, 미래도 구별하지 못한다.) 그 결과 실연을 당한 사람에게 헤어진 연인의 사진을 보여줄 때나 팔에 뜨거운 커피를 쏟을 때 뇌의 반응이 비슷하더라는 것이다. 이런 연구결과는 무엇을 가리킬까? 처음 든 생각은 '진통제가 있어서 다행이다.'였다. 그런데 문제는 아픔의 가짓수가 너무 많다는 데 있다.

　죽음, 이별, 희생, 궁핍, 불우함, 학대, 버려짐, 빼앗김, 차별, 소외감, 고립감, 비난, 무시, 굴욕, 수치심, 서러움, 외로움, 부당함, 억울함, 상실감, 무력감, 배신, 시기, 죄책감, 회한, 원망, 고뇌, 혼란, 압박감, 걱정, 고민, 미움, 낙담, 체념, 절망, 비관, 위협, 무서움, 그리고 아름다움과 연민, 허무까지도 아픔이다. 머리와 마음이 편하지 않고 괴롭히는 모든 것이 아픔이다. 이불 밖은 지뢰밭이다. 언제 어디서 아픔이 나와 부딪쳐 깨져버릴지 모른다. 가슴이 아리고 쓰리고 저려도 주변의 눈치를 살피며 아무렇지 않은 척 자신과 남을 속이려 할 테지만 그럴수록 영혼이 부서질 것이다. 이때마다 진통제를 먹으면 위가 성할 날이 없을 것이다. 무엇보다 위염보다 훨씬 심각한 부작용이 생긴다. 이에 대해서는 잠시 뒤에 쓰기로 한다. 진통제가 마음의 아픔을 줄이는 데 효과가 있다는 연구결과는 몸과 마음이 하나로 연결돼 있다는 것, 그래서 몸이 아프면 마음이 아프고 마음이 아프면 몸도 아플 수 있다는 사실을 일러준다. 처음 듣는 소리는 아니다. 고대 그리스인은 "화는 배에서 슬픔은 가슴에서 두려움은 명치에서 무기력함은 머리에서 느낀다."며 감정을 몸으로 느낄 수 있다고 했고 한의학에서는 "분노가 심하면 간이 상하고 우울함이 심하면 폐가 상하고 기쁨이 심하면 심장이 상하고 공포가 심하면 신장이 상하고 골똘히 생각하면 비장이 상한다."며 감정과 몸의 연관성을 비교적 구체적으로 파악했다. 어떤 감정이든 과도하면 몸을 상하게 한다. 그러니 스스로 감정을 조절할 수 있어야 몸도 마음도 편안할 수 있다.

　우리 대부분은 감정조절에 대해 배운 적이 없다. 있다고 해도 고작 "기다려", "참아"가 거의 다 아닐까. 마치 먹이를 가지고 개를 길들이는 명령 같다. 그러나 감정은 길들여야 하는 개가 아니고 무조건 기다리고 참는 것은 조절이 아니라 굴복이다. 감정은 지금 내가 무엇을 원하고 무엇이 필요한지 알리는

신호이기에 모두 정당하다. 그의 말조차 들어보려 하지 않고
이성이나 의지가 폭군처럼 감정을 굴복시키려 한다면 감정의
입장에서 가혹하고 부당하지 않을까. 이 과정에서 아픔이 발생
한다. 감정 자체가 아픈 게 아니라 자신이 느끼는 감정을 참고
억누르고 없애려고 하는 자기 반응이 아픔을 일으킨다. 참아야
하고 억눌러야 하고 없애야 한다고 의식하는 것에서 시작돼 더
많이 그러할수록 강도가 더해질 것이다. 이런 태도는 거짓된
평화를 만드는 데는 성공할지 몰라도 자신의 내면에 감정의 총
탄을 차곡차곡 장전하는 것이다. 1막에서 권총이 등장하면 3막
에서 반드시 발사된다.

  무라카미 하루키의 소설집 《여자 없는 남자들》에 수록
된 단편 〈기노〉에서 주인공 기노는 얼마 전 아내의 외도를 목
격하고 집을 나왔다. 충격은 받았지만 어쩔 수 없는 일이라고
여겼고 분노도 원망도 없었다. 원래 인생이 그런 게 아니겠냐
고 할 정도니 그야말로 쿨하다. 그는 17년간 성실하게 근무하
던 회사를 그만두고 작은 바를 차려 자기 이름과 같은 '기노'
로 짓고 홀로 꾸려간다. 가미타는 기노에 이따금 찾아오는 손
님이었는데 이런 충고를 한다. "옳지 않은 일을 하지 않는 것만
으로는 부족한 경우도 이 세상에는 있습니다. 그런 공백을 샛
길처럼 이용하는 자도 있어요. 내 말이 무슨 뜻인지 알겠습니

까?" 기노는 이해되지 않아 잘 모르겠다고 말한다. 그러다 기노가 기노를 떠나야 하는 순간이 오고 낯선 곳을 떠돌던 어느 날에야 비로소 인정한다. "나는 상처받아야 할 때 충분히 상처받지 않았다."고. (기노의 무의식으로 추정되는) 가미타가 충고했던 '옳지 않은 일을 하지 않은 것만으로는 부족한 경우'란 무엇이었을까. 기노의 뒤늦은 회한에 실마리가 들어 있다. "진짜 아픔을 느껴야 할 때 나는 결정적인 감각을 억눌러버렸다. 통절함을 받아들이고 싶지 않아서 진실과 정면으로 맞서기를 회피하고 그 결과 이렇게 알맹이 없이 텅 빈 마음을 떠안게 되었다."

　감정을 조절한다는 것은 잘 참고 잘 억누르고 잘 없애는 것이 아니며 반대로 잘 분출하는 것도 아니다. 감정을 조절한다는 것은 외부나 내부의 자극과 나의 반응 사이에 '생각'을 넣을 수 있는 것이다. 즉각적으로 좋거나 편하면 받아들이고 싫거나 힘들면 회피하는 식이 아니라 자신에게 닥친 감정의 실체를 정확하게 인지하고 감정을 유발한 원인을 분석해서 어떤 감정인지 할 수 있는 한 세부적이고 정확하게 이름을 붙여 표현하는 것이다. 여기까지 도달하면 마음에서 감정조절은 이미 마쳤을 수 있다. 남은 것은 내가 느낀 이 감정에 대해 어떻게 반응할지 선택하는 것이다. 선택의 기준은 기질이나 상황에 따라 다르겠지만 설마 화목보다 불화, 즐거움보다 고통, 평안보다 불안을 목표로 삼는 이는 지극히 드물 거라고 본다.

감정을 일시적으로 마비시키는 진통제를 취하면 (여기서 진통제란 약물을 포함해 감정의 억압과 회피에 동원되는 모든 수단을 가리킨다) 당장의 아픔을 피할 수 있을지 몰라도 다채로운 감정을 경험하지 못하고 궁극적으로 감정조절에 실패한다. 이것이 앞서 말한 위염보다 심각한 부작용이다.

참 이상한 일이다. 아무리 상처가 깊어도 붕대로 꽁꽁 싸매고 모르는 체하면 괜찮을 줄 알았다. 그런데 과거의 아픔은 예상치 못한 순간에 홀연히 돌아온다. 싸매둔 붕대를 풀면 고약한 냄새와 함께 상처가 썩어 깊이 병들어 있다. 과거에 상처받아야 할 때 충분히 상처받지 않아서, 아파야 할 때 아파하지 않아서 빚으로 돌아오니 인간의 의식이란 얼마나 지독한가.

제대로
사는 삶이란)

(모든 감정을
경험하는 것

4

오래전에 사랑니를 뽑을 때 일이다. 네 개를 다 뽑아야 했는데 첫 번째 이를 뽑고 나서 의사가 다음에는 치과 오기 30분 전쯤 진통제를 복용하라면서 덧붙였다. "웬만하면 안 먹는 게 더 좋고요." 말 잘 듣는 나는 진통제를 복용하지 않고 갔고 마취제를 맞았다. 이를 뽑고 있는데 의사가 물었다. "아파요?" 곧바로 대답하지 못했다. 이 정도를 가지고 아프다고 해야 하는지 아프지 않다고 해야 하는지 이를 뽑는데 아프지 않다면 그게 이상한 게 아닌지 가늠할 수 없었다. 나의 혼란을 눈치챘는지 의사가 말했다. "조금이라도 아프면 아프다고 말해야 합니다. 의사는 몰라요." 바로 말했다. "아파요." 의사는 마취제를 조금 더 놓겠다면서 기구를 내려놓았다.

진료가 끝나고 물었다. 왜 진통제를 먹지 말라고 했냐고. 의사가 답했다. 환자마다 통증을 느끼는 정도가 달라서 그에 따라 시술을 조절하는데 진통제를 과다복용하면 통증을 전혀 느끼지 않아 오히려 위험할 수 있다고. 그 말이 오래도록 여운을 남겼다. 사랑니 뽑으면서 난생처음 들었다. 아프냐고, 조금이라도 아프면 아프다고 말해야 한다고. 그 말이 뭉클해 돌아오는 길에 계속 되새기며 조금 울었다. 또한 통증을 전혀 느끼지 않는 것이 오히려 위험할 수 있다는 말은 인생의 지침이 되었다.

앞서 '타착불통방'에 대해 언급했다. 아직 아프지 않지만 아플 것이 두려워 미리 먹는 약이다. 이따금 장형을 앞둔 것처럼 스스로에게 타착불통방을 처방하고는 한다. 배신당할까 신뢰하지 않고 버림받을까 사랑하지 않는다. 거부당할까 다가가지 않고 실망할까 기대하지 않고 실패할까 시도하지 않는다. 배신당할 일도 상처받을 일도 거부당할 일도 실망할 일도 실패할 일도 없다. 그래서 행복한가. 아프지 않아서 행복한가.

마음에 상처가 없고 흉터가 없다는 것은 아무것도 시도하지 않았고 사랑하지 않았다는 방증이다. 그의 마음에는 상처와 흉터가 없지만 광휘와 내력 또한 없다. 아픔이란 소중한 것을 잃어버렸노라 마음이 보내는 신호인데 상처도 흉터도 없다는 것은 소중한 것이 머문 적 없다는 소리가 된다. 심지어 자기 자신조차도……

어둠을 막으면 빛이 들지 않는다. 'All or Nothing', '전부 혹은 아무것도' 흔히 사랑에 적용하는 이 문구는 감정에도 통하는 것 같다. 몸과 마음이 따로따로가 아닌 것처럼 다양한 감정들 또한 그래서 부정적 감정을 잠재우면 긍정적 감정도 덩달아 잠든다. 아픔을 마비시키면 평안도 마비되고 괴로움이나 어려움을 억누르면 기쁨이나 즐거움도 억눌린다.

예전에 한 문학평론가가 내게 A작가의 B라는 책을 읽어보라고 권한 적 있었다. 유명작가의 대형 베스트셀러였으며 무엇보다 읽고 싶지 않은 책이었다. 권하는 정도가 아니라 꼭 소감을 들려주어야 한다고 하도 신신당부하기에 거부할 수가 없었다. 나는 책을 소중히 다루며 읽는 편이다. 읽다가 벽에다 던지고 마지못해 집어 들어 다시 읽다가 바닥에 내동댕이치고 또 읽다가 발로 밟기는 그 책이 지금까지 처음이자 마지막으로 유일하다. 그 책을 읽고 있는 일분일초가 너무 아까워서 분할 지경이었다. 그래도 약속이라서 끝까지 읽었다. 다시 만났을 때 따지듯 물었다. "저한테 왜 그 책을 읽으라고 하셨어요?" 그가 마치 자신의 임무를 완수한 듯한 미소를 지으며 말했다. "좋은 작가가 되려면 나쁜 책도 읽어봐야 해요. 유 작가는 좋은 책만 골라 읽죠?" 정신이 번쩍 깨쳤다.

삶을 두고도 크게 다르지 않을 것이다. 제대로 사는 삶이
란 긍정적인 감정만 골라서 느끼는 게 아니라 모든 감정을 경
험하는 것이며 그에 대한 반응이 이전보다 성숙해지는 것이다.
모든 감정은 밀물과 썰물처럼 들이닥치고 떠난다. 또한 떠났다
가 다시 돌아온다. "손톱은 슬플 때마다 돋고 발톱은 기쁠 때마
다 돋는다." 무슨 소리인가 싶다면 손톱과 발톱 중에 무엇이 더
빨리 자라는지 따져보라. 그리고 뭣보다 손톱이건 발톱이건 잘
라도 계속 자란다. "한 달이 크면 한 달은 작다."는 속담도 있다.
달력의 흐름대로 한 번 좋은 일이 있으면 한 번 궂은 일이 있다
는 의미다. 반대로 한 번 궂은 일이 있으면 한 번 좋은 일이 있
다고 해도 통할 것이다.

대부분의 감정은 곧 지나가지만 영원히 떠나거나 사라지
지 않고 다시 돌아온다. 우리가 살아 있는 한, 기억이 있는 한
피할 수 없다. 이전보다 한결 잔잔할지 폭풍우가 될지 그래서
견딜만할지 삼켜져버릴지는 자신에게 달려 있다. 나의 감정에
대한 반응에 달려 있다. 감정이 나를 괴롭히는 게 아니라 그에
대한 자신의 반응이 스스로를 괴롭힌다. 화가 나서 화를 냈는
데 돌아서서 화를 냈다는 사실 때문에 더 괴로워지고 만 경험
이 있을 것이다. 게다가 아무것도 해결되지 않았을 것이다. 또
반대로 화를 내기는커녕 무방비 상태로 굴복했다는 사실 때문

에 더 괴로웠던 경험도 있을 것이다.

그러니 어떻게 반응해야 하는가. 우선 감정이 들이닥칠 때 정면으로 마주하는 것을 피하지 말자. 감정이 보내는 신호에 귀를 기울이자. 그러면 비록 오늘은 제대로 반응하지 못했을지라도 다음에 비슷한 감정이 들이닥칠 때 어떻게 해야 자신의 자존심을 품위 있게 보호할 수 있을지 선택하고 결정하는 일이 점차 수월해질 것이다.

가능한 모든 감정을, 아픔마저도 생생하게 경험하고 응시하자. 살아 있는 한 다음은 꼭 찾아온다는 사실을 잊지 말자. 그때 나아지면 된다. 이렇게 관점을 길게 가지고 보면 느긋하고 평안하게 자신의 삶을 대할 수 있다. 환멸과 자책에서 벗어날 수 있다. '타착불통방'은 부디 최후의 처방으로 남겨두자.

한 가지로
묶기 어려운 감정,

아픔

5

부디 아픔을 겪지 않기 바라지만 나쁜 일은 언제라도 일어나
고 모든 것은 변한다. 괴로움의 대부분은 나쁜 일을 남 탓이나
자기 탓으로 원망하거나 변하는 것을 변하지 않게 하려는 데
서 비롯된다. 나쁜 일이란 자신이 통제할 수 없는 상황에서 벌
어지는 일이다. 남 탓도 아니고 내 탓도 아니다. 나쁜 일의 기
준을 다시 잡고 자신이 할 수 있는 것과 없는 것을 구분하면 괴
로움을 더는 데 상당한 도움이 된다. 할 수 있는 것은 힘을 내
서 최대한 이루고 할 수 없는 것은 할 수 없다고 받아들이는 것
이다. 그렇게 해가지고 어떻게 성공할 수 있겠냐고 묻는 이도
있을 것이다. 《장 크리스토프》에서 로망 롤랑의 말을 빌려 답

하면 이러하다. "그래도 어느 누구보다도 많은 것을 한단다. 너는 오만해. 영웅이 되고 싶어 하는 거야. 그러니까 어리석은 짓밖엔 못 하지. (중략) 영웅이란 자기가 할 수 있는 일을 하는 사람이다. 다른 이들은 그걸 하지 않는단다." 많은 사람이 자기가 할 수 있는 일을 하지 않으면서 불가능한 것을 바라고 이루어지지 않는다고 아파한다. 이래서야 눈물 마를 날이 없을 것이다. 이룰 수 있는 것을 이루지도 못 하고 이룰 수 없는 것은 당연히 이루지 못할 테니까.

언젠가 친구와 우스갯소리로 내 마음대로 할 수 있는 것은 내 머리카락밖에 없다고 했다가 친구가 그마저도 미용사를 잘못 만나면 내 마음대로 되지 않더라고 해서 서로 맞장구를 치며 웃은 적이 있다. 상황을 바꿀 수 없다면 감정을 바꾸는 방법이 있다. 상황을 통제할 수 없어도 그에 대한 자신의 감정을 조절할 수는 있기 때문이다. 더구나 나쁜 일에 대해서라면 자책이나 후회, 반성마저도 무의미하다. 가끔은 프랑스 작가 장 드라 퐁텐의 우화 《여우와 신포도》에 등장하는 여우의 마음 자세가 오히려 바람직할 때도 있다.

가스코뉴 태생 또는 노르망디 태생이라고 말하는 어떤 여우가

배가 고파 거의 죽게 되었을 때

포도밭 높은 곳에 보기 좋게 익어

불그스레한 껍질로 덮인 알맹이를 보았다.

교활한 여우는 이것을 식사로 하려고 했다.

그러나 아무리 해도 그곳에 도달할 수가 없었다.

이건 너무 덜 익었다. 군대 졸자나 먹을 거야.

원본은 여덟 줄짜리 시로 마지막 행은 "뭐 불평할 수밖에 다른 방법이 있었을까?"이지만 나는 여우에게 잘했다고 하고 싶다. 자신이 할 수 있는 것과 없는 것을 구분하지 못하고 계속 포도를 따먹으려고 폴짝폴짝 뛰어올랐다면 포도밭 관리인 눈에 띄어 사냥당했을지 모른다. 무엇보다 스스로를 한탄하느니 차라리 불평하는 게 정신건강에 낫다. 낫다는 거지 좋다는 건 아니다.

아픔이 나와 부딪칠 때 아직은 괴롭기만 할 뿐 그 부딪쳐 오는 느낌이 무엇을 가리키는 신호인지 어떤 이름을 붙여야 하는지 그래서 어떻게 반응해야 할지 혼란스러울 수 있다. 앞서 열거했듯 아픔의 종류는 너무나 다양하고 그것이 마음에 일으키는 반응, 즉 감정 또한 제각각이니까. '아프다'라는 말만 가지고는 감정을 인지하거나 이해하기 힘들고 조절하기 어렵다. 이럴 때 생겨나는 혼란 역시 감정으로 내 마음을 내가 알지 못하고 있고 파악하는 데 필요한 정보가 부족하다는 신호이다. 즉 감정에 대한 지식이 필요하다.

종잡을 수 없는 감정을 이해하고 제대로 이름을 붙여 불러 주는 것만으로도 안정을 되찾을 수 있다. 어떻게 대처하고 반응해야 할지 길이 보여서이다. 그 길이 인도하는 궁극적인 목표는 누구나 바라는 대로 존재감과 행복을 느끼고 또한 성장하는 것이다.

한국어 감정 어휘에서 가장 많은 비중을 차지하는 것이 슬픔을 나타내는 어휘다. 또한 슬픔을 나타내는 어휘 중에 가장 많이 사용하는 말이 '아프다'이다. 이렇게만 놓고 보면 한국인이 "아프다"라고 표현할 때의 감정이 주로 슬픔이라는 얘기인 것도 같다. 그렇지만 앞서 열거한 아리고 쓰리고 저린 아픔의 종류들, 다시 언급하자면 죽음, 이별, 희생, 궁핍, 불우함, 학대, 버려짐, 빼앗김, 차별, 소외감, 고립감, 비난, 무시, 굴욕, 수치심, 서러움, 외로움, 부당함, 억울함, 상실감, 무력감, 배신, 시기, 죄책감, 회한, 원망, 고뇌, 혼란, 압박감, 걱정, 고민, 미움, 낙담, 체념, 절망, 비관, 위협, 무서움, 그리고 아름다움과 연민, 허무에 이르기까지…… 이 전부를 슬픔이라는 한 가지 감정으로 묶기는 어렵다. 슬픔은 소중한 것을 잃어버렸다는 신호로 위로나 애도가 필요한데 아픔 중에는 그것만으로 감정을 해소하는 데 충분치 않은 것이 많기 때문이다.

나쁜 일이 나와 부딪쳐 깨져 마음을 아리고 쓰리고 저리게 만드는 것이 아픔이다. 나쁜 일의 기준을 자신이 통제할 수 없는 것에 두자고 앞서 말했는데 여기에는 죽음이나 이별, 사고, 파산, 실패 등 운명이라고밖에 달리 설명할 길 없는 것도 있지만 이러한 것도 나쁜 일이라고 할 수 있다. 나눌 수 없는 기쁨, 위로(애도) 받지 못하는 슬픔, 존중받지 못하는 분노, 물리칠 수 없는 혐오, 보호받지 못하는 공포(불안 걱정 두려움), 발견할 수 없는 희망, 인정받지 못하는 신뢰, 충족되지 못하는 욕구……. 몸이나 마음이 느끼는 감각이 다같이 '아프다'일지라도 에너지와 방향은 저마다 달라서 각각에 맞는 대처가 필요하다. 아픔이 모두 슬픔인 줄 알아 분노나 혐오, 공포, 희망, 신뢰, 욕구불만까지 "괜찮아질 거야" 식의 위로로 다루려 하면 맞지 않다. 그런데 감정을 정확하게 구분하기가 생각보다 쉽지 않다. 특히 슬픔과 분노, 공포가 그렇다. 우리의 마음은 종종 분노나 공포를 슬픔으로 위장하고 반대로 슬픔을 분노나 공포로 위장하기도 하며 관습적으로 행해질 때가 많아 스스로 쉽게 알아차리지 못한다.

걱정이

우리에게 주는
메시지

슬픔은 자신에게 소중한 것을 잃어버렸을 때 생기는 감정이다. 분노는 자신이 소중하게 여기는 가치가 무너졌을 때 생기는 감정이고 공포는 자신에게 소중한 것이 자신의 통제를 벗어났다고 느끼거나 혹은 자신의 안전을 위협하는 것이 나타났다고 느낄 때 생기는 감정이다.

　사람은 하루에 적게는 4만에서 많게는 6만 가지 정도의 생각을 한다고 한다. 하루 스물네 시간은 8만 6,400초. 잠자는 시간을 제외하면 그야말로 초 단위로 생각을 하는 셈이다. 그런데 오늘 하는 생각의 90% 이상이 어제 했던 생각과 똑같고 그 생각들의 정체는 다름 아닌 걱정이다. "눈만 뜨면 오만 가지 생각에 오만 걱정이 일어난다."는 속담까지 있고 보면 걱정하기는 인간의 본능인 것도 같다. 그런데 다들 해봐서 알지만 걱정은 아무리 열심히 해도 그만한 보상을 치러주지 않는다. 이미 벌어진 것을 걱정하면 이미 벌어졌기에 소용없고, 내 힘으로 어쩔 도리가 없는 것을 걱정하면 어쩔 도리가 없어서 소용없다. 또 앞으로 벌어질지 모를 것을 걱정한다 하면 미래란 늘 예측불허이니 미리 걱정한들 소용없다. 그리고 우리는 이 사실을 다 알아도 걱정을 떨치기 힘들다. 여기서 나온 지혜의 말이 "케 세라 세라Que Sera, Sera.""될 대로 되겠지."라든가 "어떻게든 되겠지."의 뉘앙스를 가지고 있지만 담긴 의미는 이러하다. "이루어질 일은 이루어지겠지. 그런데 미래란 알 수 없으니 설령 이루지 못한다고 해도 너무 슬퍼하지 마라. 이 모든 것에 대해 지금부터 걱정하지 않아도 된단다." 케 세라 세라는 걱정하는 마음의 요동을 쓰다듬는 말이다. 그 요동이란 불안일까, 슬픔일까.

걱정은 기본적으로 불안한 감정이다. 걱정과 불안의 뜻풀이도 어금지금해 보인다. '걱정'이 '안심이 되지 않아 속을 태움'이라면 '불안'은 '마음이 편하지 않고 조마조마함'이다. 둘 다 공포의 감정에 속하고 비교적 약한 세기이다. 이 단계에서 안도나 안심을 느낄만한 계기를 만나지 못한 채 방치되면 극심한 공포로 커지거나 수심으로 깊어질 수 있다. '수심'은 '매우 근심하는 마음'이라는 뜻인데 근심과 비슷한 말로 염려와 걱정 등이 있다. 근심, 염려, 걱정은 각각 '해결되지 않은 일 때문에 속을 태우거나 우울해 함', '앞일에 대하여 여러 가지로 마음을 써서 걱정함', '안심이 되지 않아 속을 태움'을 뜻하며 불안의 감정이지만 정도가 지나치면 약한 공포의 감정에서 슬픔의 감정으로 변화한다. 슬픔에 대해 내가 가장 주목하는 정의는 '슬픔은 좌절된 분노'라는 것이다. 사람은 아직 희망이 남아 있을 때 분노한다. 희망마저 없을 때 분노조차 막혀 슬픔에 깊숙이 빠져버리고 만다.

걱정을 "괜찮아질 거야."로 속일 일이 아니다. 실제로 남들에게 그런 말을 아무리 듣고 스스로 되뇌어도 불안감이 가시지 않은 적이 있을 것이다. 어떤 사안이나 사람에 대해 근거 없이 미심쩍고 꺼림칙할 때가 있다고 하자. 괜한 호기심이나 모험심을 발동시키지 말고 일단 멈춰서 살피는 것이 현명하다. 그 결과가 '도망쳐!'라든가 '일단 피해!'일 때가 많지만 도리어 가까이 접근해야 할 때도 있다. 일생의 중요한 메시지를 전달하는 신호일 수 있기 때문이다. 용기를 내서 접근했을 때 굉장한 깨달음과 함께 삶의 전환점을 맞이하기도 한다.

모든 감정에는 양면성이 있다. 감정이 한쪽 면만 가지고 있다면 선택이나 결정이 얼마나 수월하랴. 인생은 도무지 우리

를 편하게 살도록 내버려두지 않는다. 인간은 중력의 법칙을
거슬러야 살 수 있다. 중력의 법칙에 가장 부합하는 자세, 계속
누워만 있으면 어찌될 것인가. 몸이 그러하듯 정신과 마음도
다르지 않다.

걱정에 대해 먹는 마음은 '케 세라 세라'인 것이 옳다. 그
렇지만 무엇을 전하는 신호인지에 대해서 생각할 필요가 있다.
이미 벌어진 일인 줄 알면서 왜 걱정스러운지, 내 힘으로 어쩔
도리가 없는 줄 알면서 왜 걱정스러운지, 알 수 없는 미래인 줄
알면서 왜 걱정하는지 잠시 생각할 필요가 있다는 뜻이다. 나
는 공연한 걱정이란 없다고 여기는 편이다. 설령 누군가 하늘
이 무너질까 봐 걱정한다고 해도 거기에는 그럴만한 이유가 있
을 것이다.

다른 모든 감정과 마찬가지로 걱정에도 삶이 우리에게 전
하려는 메시지가 있다. 그 메시지를 풀지 못했기 때문에 어제
했던 걱정을 오늘 또 하고 오늘 한 걱정을 내일 또 하는 게 아
닐까. 내가 늘 하는 걱정을 피할 것인가, 접근할 것인가. '지금
까지 계속 미뤘는데 당장 해야지.'라고 마음먹을 수도 있지만
그렇게 마음먹지 않아도 언젠가는 대면할 수밖에 없는 때가
찾아온다. 차이가 있다면 미루고 미룬 걱정한테 멱살이 잡히든
지 목덜미가 잡히든지 할 수 있다는 것인데 걱정과 대면해서
새로운 결정을 하고 싶다면 낯선 곳으로 떠나기를 추천한다.

불안과 두려움을
구분하고

실체를 마주하라

7

불안감과 두려움의 차이는 실체의 유무에 있다. 불안한 사람에
게 무엇 때문에 불안하냐고 물으면 쉽게 답하지 못한다. 반면
에 두려움에 떨고 있는 사람에게 무엇이 두렵냐고 물으면 그
실체를 답할 것이다. 불안감을 없애려면 무엇이 마음을 편치
않게 하는지 실체를 파악해야 하고 두려움을 없애려면 무섭고
불안한 그것을 줄이거나 없애야 한다. 불안이나 두려움에 떨고
있는 상태에서 걱정하지 않아도 된다고 하는 것은 실질적인 도
움이 되지 않고, 유흥이나 일 등으로 생각을 돌리는 것은 오히
려 불안이나 두려움을 배가시킬 수 있다. 어떻게 해야 하는가.
철학자 버트런드 러셀이 이와 관련해 조언을 준 바 있다. "섬뜩

한 마력이 힘을 잃을 때까지 이성적으로, 침착하게, 그러나 매우 집중적으로 강도 높게 그 문제를 생각하고 또 생각하라. 그러다 보면 두려움의 칼날은 무뎌지고 모든 문제가 따분한 것이 되고 두려움에서 벗어나 생각을 할 수 있게 된다." 러셀의 조언은 수년 전 내가 극심한 불안증을 느낄 때 지극한 도움을 주었다.

새벽 두시 반이었다. 열네 시간 전에 미국 샌프란시스코 공항에 도착했고 친구의 따뜻한 환대를 받으며 캘리포니아 와인의 최대 생산지인 나파밸리로 이동했다. 근심 한 자락 없이 펼쳐진 찬란한 햇빛 속에 싱싱한 포도나무 밭이 끝없이 이어져 있었고 얼마 전 수확을 마쳤노라 했다. 한 번쯤은 가져보고 싶었다. 아침부터 밤까지 꼬박 3박 4일쯤 탁 트인 자연 풍경 속에 하얀 도화지처럼 놓여 술에 취해 지내는 날들. 나는 23일간의 일정으로 여기에 왔고 이제 겨우 첫날이었다. 날씨와 풍경, 와인과 음식, 친구, 리조트까지 모든 것이 완벽했다. 아무것도 부족하지 않았다. 오늘처럼 즐거울 내일과 또 그 내일을 기대하며 잠자리에 들었다. 열 시간을 비행한 여독에 술기운도 있으니 금방 까무러치듯 잠들 줄 알았다. 그런데 시간이 지날수록 정신이 말똥말똥해졌다. 시계를 보니 겨우 새벽 두시 반이었다. 잠들기는 틀렸고 해 뜨려면 멀었다. 함께 자는 친구의 숙면을 방해하지 않으려고 욕실로 갔다. 내가 불을 밝히고 혼자 있을 수 있는 유일한 공간이었다. 차가운 바닥에 샤워 타월을 깔고 쪼그려 앉았다. 이상한 일이었다. 눈물이 쏟아지기 시작했다. 극도로 불안했다. 도대체 왜 이러는지 알 수 없었다. 해도 달도 차가운 새벽에 기습적으로 밀려오는 해일 같았다. 나는 아무런 힘도 쓰지 못한 채 회오리치며 떠내려가고 있었다.

　그 같은 날이 다음 날에도 똑같이 반복됐다. 아침부터 저녁까지 사소한 것에도 웃고 떠들고 감탄하고 맛있게 먹고 마시며 꿈꾸던 날을 만끽하다 호텔로 돌아오면 친구가 먼저 잠들기 기다렸다 욕실에 쪼그려 앉아 몰래 울었다. 이 같은 경험이 처음은 아니었다. 20대 후반부터 반복적으로 겪었지만 원인이 있었다. 가진 것이 너무 없었고 모든 것이 불확실했으니까. 혹은 가진 것을 모두 잃었고 다시 불확실해졌으니까. 하지만 지금은 다르지 않은가. 그 시절에 그토록 원했던 것을 가지고 있고 누리고 있다. 그런데 왜 똑같은 해일이 나를 덮쳐 생사를 오가게 하는가. 그때 러셀의 말이 떠올랐다. 오지도 않는 잠을 억지로 청하는 일은 중단하기로 했다. 대신 욕실에 쪼그려 앉아 그보다 더 조그맣게 쪼그라진 자신에게 집요하게 묻기 시작했다. "왜 불안하지?" "무엇이 두렵지?" 나흘째 새벽에 답이 나를 찾아왔다. 그 정체는 놀랍게도 "잃어버릴까 봐서"였다. 암흑 속에 눈이 크게 뜨이는 것이 느껴질 정도로 스스로에게 깜짝 놀랐다. 잃어버릴까 봐서라니, 지금까지 단 한 번도 불안감이나 두려움의 요인으로 있어본 적 없던 거였다.

다음 날 밤 잠들기 전에 친구에게 사실을 털어놓았다. (나의 친구들은 내가 말하기 전에는 묻지 않고 대신 곁에서 지켜보는 미덕을 지녔다. 어차피 물어도 답하지 않는 내 고집 때문이기도 하다.) 친구가 말했다. "잃어버려도 괜찮다고 생각하면 되잖아." 내가 대꾸했다. "잃어버려도 괜찮지 않을 거 같으니까 불안한 거잖아." 수년 전 심각한 불안 증세를 겪어 처방약을 복용하는 상태인 친구는 아무래도 한국으로 돌아가면 병원에 가서 약을 처방받는 것이 좋겠다는 나름대로의 진단을 내리고는 수면제를 먹고 잠들어버렸다. 나는 다시 욕실로 들어가 쪼그려 앉았다. 다시 질문을 시작했다. "왜 잃어버려도 괜찮다고 생각하지 못하지?" "잃어버리고 싶지 않아." "무엇을?" 그제야 답할 수 있었다. "지금 내가 가진 모든 것. 남들 보기에 보잘것없고 평범하고 사소할지 몰라도, 아무것도 잃고 싶지 않아." 구체적인 말로 "이제 더는 빼앗기고 싶지 않아." 다시 질문이 이어졌다. "왜? 왜 잃고 싶지 않아? 왜 빼앗기고 싶지 않아?" 그 질문 앞에 묵혀둔 설움이 북받쳤다.

살다 보면 소중한 것을 잃어버리는 날이 있고 빼앗기는 날이 있다. 젊은 날에는 그래서 슬픈 날이 많았다. 그러나 이제 더 이상 젊지 않았다. 잃어버리고 빼앗기는 일이 또 생긴다면 그 고통을 이겨낼 자신도, 다시 시작할 기운도 없다. 그대로 삶을 포기할 가능성이 크다. 이것이 "왜 잃고 싶지 않고 빼앗기고 싶지 않느냐."는 질문에 대한 나의 답이었다. 내가 그토록 불안하고 두려워한 것의 실체는 그대로 주저앉을 것 같은 미래의 나였다. 아무것도 가진 것 없는 주제에 다시 시작하면 된다고 큰소리쳤던 젊은이는 등을 돌렸고 작은 것도 잃어버릴까 봐 벌벌 떠는 불쌍한 중년이 이게 너라며 나를 빤히 쳐다보고 있었다. 서울에서 9천 킬로미터 떨어진 미국 호텔의 욕실에서야 알아버렸다. 그때까지 나는 내가 괜찮은 줄 알았다. 그러나 전혀 괜찮지 않았다. 잃어버린 것에 대한 고통으로 만신창이였고 그것을 회복하는 데 기진해버렸다. 그처럼 정신적으로 쇠약해진 상태에서 모든 것이 난생처음인 낯선 곳에 오니 가까스로 봉인해둔 불안과 두려움이 깨어난 것이다. 눈물은 그쳤고 대신 헛웃음이 나왔다. 가지고 싶은 것을 갖지 못할 땐 갖고 싶은 열망에 고문당하고, 가지고 싶은 것을 가졌을 땐 잃어버릴지 모를 불안과 두려움에 고문당한다. 이것이 인생이다.

나흘째 새벽 홀연히 이 말 하나가 가슴속에 떠올랐다. '나는 너무 미래에 살고 있구나.' 불안도 두려움도 다 그로 말미암은 것, 미래 때문에 지금만 누릴 수 있는 즐거움을 다 놓치고 있구나. 큰맘 먹고 여기까지 와서 아주 단단히 손해 보는 일을 하고 있구나. 어리석어도 너무 어리석구나. 앞으로는 지금 당장의 즐거움을 방해하는 거라면 그것이 무엇이든 다 거부하리라. 더 이상 과거를 되새김질하지 마라. 과거에 머무르지 마라. 현재에 살아라. 과거를 변화시킬 순 없지만 현재를 변화시킬 순 있다. 미래는 내 소관이 아니다. 미래여, 네 마음대로 하라. 하기는 내가 뭐라 한들 어차피 네 마음대로 할 테지만. 그때마다 나는 번번이 어쩔 수 없을 테지만. 그래도 너한테 더 이상 내 현재의 즐거움을 빼앗기고 싶지 않구나. 너에게는 달콤한 꿈만을 취하리라. 그것이 비록 환영이라 할지라도 매일의 강을 건널 수 있는 디딤돌이 될 수 있다면.

　그날로부터 20여일 후, 나파밸리와 소노마, 러시안 리버 일대가 대형 화재에 휩싸였다. 아무리 산불이 자주 나는 곳이라 해도 이번 화재는 인명 피해까지 난 처참한 대형 참사였고 완전히 전소돼버린 포도밭은 몇 년간 복구하기 힘들 거라고 했다. 한국에서 그 뉴스를 봤을 때 전생에서 들려오는 소식 같았다. 꿈결 같은 낮과 해일 몰아치는 밤을 선물해주며 나를 환기시켜준 포도밭과 와이너리는 불에 타버렸고 더 이상 없다. 다시 오리라 밝은 얼굴로 인사하고 발길을 돌렸었다. 불에 타 없어질 거라고는 상상도 못 했다. 언제라도 거기 있어 나만 다시 가면 될 줄 알았다. 그런데 이제, 없다.

소중한 것이
없다면

기쁨도 슬픔도
두려움도 없을까?

8

소중한 것이 생겼을 때 샘솟는 감정이 기쁨이라면 슬픔은 소중한 것을 잃어버렸을 때 잠기는 감정이고 분노는 소중하게 여기는 가치가 무너졌을 때 들끓는 감정이며 공포는 자신의 소중함을 위협하는 것이 나타났을 때 끼쳐오는 감정이다. 문득 생기는 궁금증, 소중한 것이 없다면 기쁨도 슬픔도 분노도 불안도 두려움도 없을까?

"그것은 천치가 하는 이야기다."

윌리엄 셰익스피어의 희곡《맥베스》5막 5장에 나오는 대사다. 함께 죄를 공모한 아내가 죄책감에 시달리다 죽었다는 소식을 듣고 맥베스가 하는 대사로 전체를 옮기면 이러하다. "꺼져라, 꺼져라, 짧은 촛불아! 인생이란 비틀거리는 그림자, 우쭐대고 서성이고 투덜거리지만 무대가 끝나면 곧바로 잊히는 가련한 배우, 그것은 천치가 하는 이야기다. 소음과 분노로 가득하나 결국엔 아무런 의미도 없다."

올더스 헉슬리가 문장의 일부를 자신의 소설 《멋진 신세계》에 인용했다. 멋진 신세계는 과학이 발달한 문명국으로 사람들은 인공수정으로 태어나며 지능으로 계급이 나뉘고 그에 따라 다른 역할을 수행하며 산다. 엄격하게 불평등한 사회지만 모두 고민이나 불안 없이 행복하다. 첫 번째 비결은 자신이 해야 할 일을 좋아할 수 있도록 교육받았기 때문이고 두 번째 비결은 '소마'라는 신경안정제를 먹도록 했기 때문이다. 가장 높은 계급인 버나드가 야만인을 발견하고 멋진 신세계로 데려온다. 야만인은 셰익스피어의 희곡을 좋아하지만 멋진 신세계에 문학은 없다. 대신 생생하게 느낌을 전달해주는 촉감영화가 있다. 총통이 멋진 신세계에 예술이 존재하지 않는 이유를 밝힌다. "안정을 얻기 위해 지불해야 할 희생이야. 우리는 행복과 소위 고도의 예술 중 하나를 선택해야 돼. 우리는 고도의 예술을 희생시킨 셈이지." 야만인이 촉감영화는 아무 의미도 없다고 반박하자 총통은 유쾌한 감정을 선사하는 자체에 의미가 있

다고 답한다. 이에 야만인이 맥베스에 나오는 구절을 빌어 쐐
기를 박는다. "하지만 그것들은…… 그것들은 천치가 하는 이
야깁니다."

　가상의 미래가 배경인《멋진 신세계》는 1932년에 출판된
소설로 올해로 출간 90주년이다. 내가 처음 읽었던 1990년대
에는 미래소설로 읽혔지만 더 이상 그렇게 읽히지 않는다. 해
야 할 일을 좋아하도록 세뇌 받고 유쾌한 감각만을 추구해 깊
은 사고나 풍부한 감정을 습득할 기회를 차단하며 그래도 불안
이나 두려움 등의 부정적인 감정이 생긴다면 '소마'로 해결한
다. 도구나 정도의 차이가 있을 뿐 현대사회와 이미 다르지 않
다. 이런 환경에서 과연 '소중함'이 무엇인지 알까. 소중하다는
감정이 유쾌함보다 윗길인 기쁨의 감정임을 경험할 수 있을까.

　소중함이 어떻게 생기는지 몸을 들여다보려 한다. 감정 역
시 살아 있는 육체에서 생겨나는 것이라 간략하게나마 생물학
적인 측면에서 고찰하면 감정을 이해하는 데 도움이 된다.

　인체의 피부나 점막, 장기, 근육, 뼈 등에 자극이 발생하면
수용체가 전기화학 신호로 바꾸어 말초신경(뇌신경)으로 보낸
다. 어떤 자극은 대뇌피질로 보내기 전에 말초신경에서 자체적
으로 처리하기도 하는데 뜨거운 주전자를 만졌을 때 뜨거움을
지각하기 전에 손을 얼른 떼는 경우가 대표적이다. 뜨거움을

느끼고 나서야 손을 떼면 이미 심각한 화상을 입을 것이기 때문이다. 대뇌의 표면을 둘러싸고 있는 대뇌피질에는 체감각(촉각, 압각, 진동감각, 온도감각), 시각, 청각에 대한 신호를 받는 중추가 각기 있고 독특하게도 후각 신호를 받는 중추는 대뇌피질과 간뇌 사이에 있는 변연계에 있다. 또 미각 신호를 받는 중추는 대뇌피질에 있으면서 변연계의 피질과도 연결된다. 후각과 미각의 중추가 변연계에 있거나 그 가까이 있다는 사실은 우리 정서에 중대한 영향을 끼친다. 냄새를 맡으면 예전의 감정이 절로 떠오르고, 음식을 먹으면서 쾌락을 느끼는 것은 감정중추의 핵심인 편도체와 경험을 기억으로 저장하는 해마가 변연계에 있어서이다.

　대뇌피질에 도착한 다른 자극들 역시 변연계에 위치한 편도체로 이동한다. 모든 자극을 통합해 1차적으로 분석하고 적절히 통합하거나 처리한 뒤 시상하부나 뇌간으로 전달하는데 시상하부는 자율신경계와 내분비계(호르몬) 중추로 기초적인 신체 대사를 조절-유지하고 뇌간은 대뇌피질에서 받은 메시지를 몸 전체로 보내 균형, 호흡, 심장박동, 혈압, 청각, 삼킴 등을 조절한다. 그 결과 몸의 변화가 나타난다. 웃음이 터지거나 울음이 쏟아지거나 가슴이 벅차오르거나 철렁하거나 숨이 가쁘거나 숨을 죽이거나 입 안에 침이 마르거나 손이 벌벌 떨리거나 뒷걸음질을 치거나 인상을 쓰거나 소리를 지르거나 등

등……. 이런 변화는 자극에서 반응까지 눈 깜빡할 사이보다 빠른 속도로 의식하지 못하는 사이에 일어나며《심리학의 원리》를 쓴 윌리엄 제임스는 '육체적 변화가 나타날 때 그 변화에 대한 느낌'이 감정이라고 말한다. 감정을 인지한 다음에 육체의 변화가 나타나는 게 아니라 육체의 변화가 나타날 때 느끼는 것이 감정이라는 얘기다.

　윌리엄 제임스의 주장은 다소 납득하기 힘들다. 우리의 상식은 감정이 먼저 있은 다음에 표정이나 행동 등으로 반응하는 것이기 때문이다. 그런데 안토니오 다마지오가 쓴《느낌의 진화》에도 이러한 설명이 나온다. "편집의 결과물은 우리 '마음'에서 상영되고, 암호화된 기억의 잔상들을 남겨 놓고는, 재빨리 사라져버린다. 바깥 세계의 모든 이미지는 거의 병렬적으로 처리되고 동시에 이 이미지들이 뇌의 다른 영역(뇌간의 특정 핵들과 섬 영역을 비롯해서 몸의 상태를 표상하는 기능과 관련된 대뇌피질)에 작용함으로써 '감정' 반응이 생성된다."

　두 학자의 설명이 같지 않지만 크게 다르지 않다. 변연계에 도착했을 때의 정보는 감정 이전의 상태이며 변연계에서 뇌간으로 최종 도착해서야 감정이 생성된다는 점에서다. 뇌간이 하는 중요한 역할이 변연계에서 받은 메시지를 온몸에 전달하는 것이다. 감정이 무엇이냐고 물을 적에 "육체적 변화가 나타날 때 그 변화에 대한 느낌"이라는 윌리엄 제임스의 표현은

100% 들어맞는 게 아니라고 해도 감정에 대한 드라마틱한 설명이 아닐까 싶다. 몸이 있고 마음이 있다. 이 당연한 말이 신선한 깨달음으로 와닿는 까닭은 감정조절이나 마음 다스리기의 핵심이 될 수 있어서이다.

　우리는 숨 쉬는 동안 쉴 새 없이 자극에 노출되지만 전부 감정이 되지는 않는다. 운전 중에 새치기한 차량과 접촉사고가 났다고 하자. 손발이 벌벌 떨리는 이가 있는가 하면 뒷목이 뻣뻣해지고 혈압이 치솟아 새치기한 차량 운전자에게 고래고래 소리 지르는 이가 있다. 반면에 서로의 시비를 가리고 방법을 강구할 뿐 별다른 두려움이나 화를 느끼지 않는 이도 있다. 접촉사고 전후로 별다른 육체적 변화도 나타나지 않을 것이다. "어느 한 정신 상태가 다른 정신 상태에 의해 즉각적으로 일어나지 않으며 이 정신 상태와 다른 정신 상태 사이에 육체적 표현이 먼저 끼어들어야 한다고 주장한다. 따라서 보다 합리적인 설명은 우리가 울기 때문에 슬픔을 느끼고, 우리가 상대방을 때리기 때문에 화가 나고, 우리가 몸을 떨기 때문에 무서워진다는 것이다(《심리학의 원리》, 윌리엄 제임스)."
　인간의 두뇌작용은 너무나 복잡해서 그의 주장이 완벽하게 들어맞는다고 하기 어렵지만 내가 '화'에 있어서만큼은 견지하려는 태도이기도 하다. 괴로운 일이나 사람에 대해서는 식구나 친구에게조차 말하지 않는 편이다. 말을 할수록 반복적으로 상기돼서 계속 부글부글 끓기 때문이다. 차라리 식히는 데 집중했으면 밤에 잊어버리고 잠 들었을 텐데 분노의 감정을 인공호흡시켜 도로 살려내고 살려내고 하는 것이다. 특히 사람을 두고는 말을 시작할 땐 나를 괴롭게 하는 인간 정도였는데 너무 열심히 분노의 인공호흡을 한 나머지 세상에서 사라져야 할 천하의 악당이나 괴물로 만들어버린다. 그날 밤, 입으로 업을 지은 나 자신이 부끄럽고 수치스러워 잠을 이룰 수 없었다. 제3자에게 말하는 행위를 통해 기억을 반복 재생해 편도체를 자극하는(뇌는 과거와 현재, 가상과 현실을 구분하지 못한다) 악순환을 자행한 결과이다. 윌리엄 제임스도 앞서 인용한 구절 다음에 이렇게 썼다. "지각에 뒤이은 육체적 상태가 없다면 지각은 창백하고 색깔도 없고 감정적 온기도 전혀 없는, 형태만을 인지하는 선에서 끝날 것이다." 사실 감정이나 기분은 환기시키지 않는다면 일정한 시간이 지나 사라지기 마련이다. 그 시간을 참지 못하고 일을 벌이면 더 큰 분노를 불러온다. 이렇게 알면서도 참기 힘들 땐 체 게바라의 말을 되뇐다. "기분이 나쁠수록 품위를 지켜라."

　　두려움이나 화 등의 부정적인 감정을 예로 들었지만 '육체적 변화가 나타날 때 그 변화에 대한 느낌'이 감정이라는 주장은 역시 '사랑'에 가장 잘 들어맞는다. 어떤 사람이 이상형이냐고 물으면 '느낌 있는 사람'이라고 답하는 이가 많다. 하기는 아무런 느낌도 주지 않는 사람과 어떻게 연애를 하겠는가. 그 래서 어느 여성이 한 남성과의 소개팅에 나가면서 이렇게 마음 먹었더란다. 보는 순간 가슴이 두근거리면 계속 만나기로. 그 런데 웬걸? 남성을 처음 본 순간 사정없이 가슴이 뛰었다고 한 다. 그렇게 연애를 시작했는데 나중에 알고 보니 그때 가슴이 뛴 건 운명의 상대를 만나서가 아니라 소개팅에 나가기 전에 연거푸 마신 커피 두 잔의 카페인 부작용 때문이었다. 마음에 드는 사람이 있으면 함께 롤러코스터를 타거나 방 탈출 게임을 하라는 말도 비슷한 맥락이다. 게임을 해서 가슴 뛰는 거나 좋아서 가슴이 뛰는 거나 두뇌가 느끼는 감각은 비슷하기 때 문에 관계 발전에 도움을 줄 수 있다는 취지다.

사랑을 해서 가슴이 뛰는 게 아니라 가슴이 뛰어서 사랑 을 한다. 몸의 지각이 먼저이고 두뇌의 감지는 나중이다. 즐거 워서 웃는 게 아니라 웃어서 즐겁다. 무서워서 도망치는 게 아 니라 도망쳐서 무섭다. 화가 나서 악다구니를 쓰는 게 아니라 악다구니를 써서 화가 난다. 이 얘기를 이런 식으로 발전시켜 볼 수 있을 것이다. 웃을수록 즐겁다. 도망칠수록 무섭다. 악다 구니를 쓸수록 화가 난다. 그리고 소중하게 느낄수록 더 소중 해진다. 소중한 것이 생겨서 소중한 게 아니라 소중하게 느껴 서 소중한 것이 된다. 다른 무엇과 비교해서 적정가를 매긴 결과가 아니라 다른 무엇으로 대체할 수 없어서 귀한 것이다. 소중함의 대상은 사람일 수도 동물이나 사물일 수도 혹은 가치일 수도 있다.

소중하게 느껴서 소중한 것이 생기면 지금까지와 다른 세상을 살게 된다. 그 세상에는 밝고 따스한 감정뿐 아니라 어둡고 슬픈 감정도 있다. 그러나 인간을 인간답게 하는 것은 밝고 긍정적인 감정뿐 아니라 모든 감정을 풍부하게 경험하는 것이다. 《멋진 신세계》에서 문학을 비롯한 예술을 일체 금지한 것은 바로 그 사실을 일깨우기 때문이었을 것이다. 귀한 것은 멀리 있는 게 아니라 가까이 있기 마련이라 알아보기까지 마테를링크의 동화극 《파랑새》처럼 우여곡절이 필요하고 불안하고 두려운 감정 역시 필연이다.

그러나 사람은 기쁨뿐 아니라 슬픔, 분노, 불안, 두려움 같은 감정을 느낄 때야 비로소 그 대상이나 존재, 가치 등이 자신에게 소중하다는 것을 혹은 반대로 사소하다는 것을 알아차린다. 또 소중한 것을 지키기 위해 지혜를 모색하고 용기를 내게 하는 과정이 사람을 성장시킨다. 그렇게 '자기 자신의 삶'을 창조해간다. 이런 걸 알 필요 없이 그저 유쾌할 수만 있다면 의미가 있고, 안정을 얻기 위해서라면 고도의 정신활동을 희생해야 한다니 올더스 헉슬리는 '천치가 하는 이야기'라고 했지만 내 귀에는 모든 사람에게 '자기 자신의 삶'을 앗아가 '오리지널

Original'이 아닌 '보증 받은 복제품Certified Copy'으로 만들려는 교활한 선전으로 들린다.

소중하게 느껴서 소중한 것을 두는 것이야말로 소음과 분노로 가득한 세상을 하루하루 이겨낼 수 있는 비결이다. 소중하다는 느낌은 변연계의 측핵accumbens을 활성화시켜 희열 euphoria을 준다. 쾌락과 보상을 느끼게 한다는 점에서 '쾌락중추' 혹은 '보상회로'라고도 부른다. 한 번 자극 받은 후에는 쾌락과 보상을 느끼게 하는 행위를 반복적으로 하려고 한다는 점에서 중독으로 이어질 위험이 있지만 긍정적인 측면에서 동기부여가 될 수 있다.

한 연구결과에 따르면 모성본능을 유발하는 아기의 표정이 따로 있다고 한다. 아기가 울거나 무표정할 때 엄마의 뇌에는 아무런 변화가 일어나지 않지만 아기가 부드럽고 둥근 얼굴로 방긋 웃을 때 엄마의 변연계의 측핵을 활성화시켜 도파민을 분비하게 만든다. 그 결과 희열을 느끼고 사랑과 헌신을 쏟게 만드는 모성본능으로 이어진다는 것이다. 어디 모성본능에만 해당할까. 사람은 자신에게 희열을 선사하는 유·무형의 대상이 있다면 기꺼이 괴로움과 어려움의 시간들을 감수할 수 있다. 그러니 소중함에 대해서라면 기꺼이 무소유에 반대하는 바이다.

부디 소중해서 함께라면 괜찮아지고 편해지고 말랑말랑해지는 유·무형의 것을 가지기를 바란다. 괜찮아지고 편해지고 말랑말랑해지면 마음결이 부드러워진다. 같은 실수나 잘못이라도 마음결이 부드러울 땐 "그럴 수 있지~"가 되고 마음결이 거칠 때는 "어떻게 그럴 수 있어!"가 된다. 너그러워지고 관대해진다. 이러한 감정을 유지해서 기분이 되면 힘들거나 싫어서 미룬 일에 대해서도 "이제 슬슬 해볼까?" 시동을 걸 수 있고 하고 싶어 참기 어려워 근질근질해질 수 있다. 그때 하면 된다. 하고 싶게 만들면 된다. 최대한 기분을 근질근질하게 만들기는 내가 작업을 시작하기 전에 챙기는 매일의 루틴이기도 하다. 소중해서 소중한 것을 이왕이면 한 개가 아니라 다양한 분야에 여러 가지를 두면 좋겠다. 유일하고 대단해서 소중하다는 고정관념은 버리기 바란다.

같은 일을
겪어도

다른 감정으로
기억할 수 있다

9

소문만복래笑門萬福來, 웃는 문으로 만 가지 복이 들어온다는 고사성어이다. '운運'이 아니라 '복福'이 들어온단다. 그것도 만 가지나! 물론 여기서 만萬은 개수가 아니라 완전하다는 의미이긴 하다.

'운'이 이미 정해져 있어 저절로 생기는 것이라면 '복'은 충분한 만족과 기쁨을 누리는 상태다. 사람들은 운이 좋기보다 복이 많기를 기원한다. '소문만복래'는 그 비결이 '웃음'이라고 제시한다. 그 옛날 옛적에 나온 말이 현대 뇌생리학으로도 근거 있다는 사실이 신기하다. 행복해서 웃는 게 아니라 웃어서 행복하다. 슬퍼서 우는 게 아니라 울어서 슬프다. 그리고 이러한 경험들이 해마에 저장된다.

해마는 새로운 경험을 언어와 서사의 형태로 저장하는 기억 중추로, 우리가 미처 감정이라고 인지하지 못하는 감정을 주관하는 편도체 옆에 붙어 있다. 이 탓에 편도체가 자극을 받으면 해마도 덩달아 자극을 받는다. 감정적으로 강렬하게 자극받은 경험일수록 오래 기억에 남는 이유도 이와 연관이 있다.

우리가 무언가를 오래 기억하는 배경은 대체로 두 가지이다. 느낌이 강렬했거나 반복적으로 떠올렸거나. 오늘 아침에 무미건조하게 암기한 사이트 패스워드보다 수십 년 전 눈 내리는 날 종각 앞에서 첫사랑과 수줍게 만난 날이 훨씬 선명하다. 실제로 오랜 세월이 흘렀는데도 (좋은 쪽으로든 나쁜 쪽으로든) 선명한 기억들을 되짚어보면 앞서 두 가지 조건을 충족시킨다는 사실을 알 수 있다. "그때 그 느낌을 잊을 수가 없어."라고 말하지만 의식 혹은 무의식에서 반복 재생한 배경이 크다. 있는 그대로가 아니다. 재생할 때마다 편집과 조작을 가해 최신 리메이크 작으로 만들고는 '뇌'라는 극장에서 상영한다. 그때마다 감정이 생생한 까닭은 지난 일이든 미래의 일이든 지금 벌어지는 일로 인식하기 때문이다. 이것이 우리가 과거와 미래에게 고통 받는 이유이기도 하지만 또 그 덕분에 예측하고 대응할 수 있다. 이러는 데 필수적인 데이터가 기억과 상상이다.

　　사고와 유추는 새로운 정보를 고유의 기억과 연결해서 그 결과를 상상하는 과정이다. 우리의 뇌는 과거(기억)를 최신 리메이크 작으로 상영할 수 있을 뿐 아니라 미래(상상)를 시뮬레이션할 수도 있다. 이런 작업은 해마와 전전두엽의 협업으로 이루어진다. 대뇌피질의 전두엽, 그중에서도 전전두엽은 사고·분석·예측을 거쳐 선택·결정·판단하는 등의 기능을 총괄한다. 그런데 감정과 기억을 담당하는 변연계가 아동기에 진화를 마쳐 고정되는 반면 전전두엽은 제 기능을 발휘하기까지 빨라야 20년, 늦으면 40년까지도 걸린다. 이런 이론을 알고 나면 어리거나 젊은 인간 종이 왜 그토록 이성적이지 못하고 감정적으로 선택·결정·판단하는지 이해할 수 있다. 부족해서도 이상해서도 아니라 정상이다. 어떤 면에서 교육이란 전전두엽의 진화를 앞당기는 것에 목적이 있는지도 모르겠다. 전전두엽이 활성화되면 자연스럽게 편도체의 활성화를 조절할 수 있다. 평균 수명이 대략 40세였던 옛날에는 전전두엽이 진화를 마치기도 전에 죽는 사람이 태반이었을 것이다. 옛 성현들께서 그래서 그토록 자나 깨나 수양과 공부를 강조했는가 보다.

　　우리가 무엇을 혹은 어떻게 선택하거나 판단, 결정할지는 새로운 경험(정보)이 의식 혹은 무의식적으로 어떤 기억을 자극하는지에 달려 있다. 부정적인 기억을 자극하면 금지하거나 회피하고, 긍정적인 기억을 자극하면 접근한다. 여기서 부정적,

긍정적이라는 기준은 객관성이나 사실성이 아니라 과거에 감정회로를 따라 편도체와 해마에 입력된 정보에 의거한다. 이때 있지도 않은 일이라든가 벌어지지 않을 일이라는 등의 비판이나 조언, 충고 따위는 크게 와닿지 않는다. 실제든 허상이든 조작이든 자신의 뇌에서 최신 리메이크 작으로 혹은 시뮬레이션으로 체험한 것이 훨씬 직관적이며 이 또한 중요한 경험이다.

이런 뇌의 생리를 들여다보면 과거와 미래, 현재가 시간의 개념이 아니라 늘 동시에 존재한다는 생각이 든다. 지나간 때와 앞으로 올 때가 바로 지금 이 순간에 함께 실재하고 있는 것이다. 새로운 경험(정보)이 의식 혹은 무의식적으로 어떤 기억을 자극할지는 과거의 경험을 어떤 감정으로 기억하고 있는지 또 어떠한 느낌으로 미래를 바라보는지에 달려 있다. 과거와 미래의 감정이 현재의 선택·판단·결정에 영향을 끼치고 저마다 다른 삶의 궤적을 만들어낸다. 다른 말로 경험과 관점이라고 할 수도 있을 것이다. 그리고 이와 함께 또 하나의 주요 요인이 있다.

오래전 후배가 탑승한 엘리베이터가 옥상을 뚫고 올라가 버린 사고가 있었다. 건물 외벽 위에 간신히 걸터앉은 위험천만한 사고였고 다행히 119 출동으로 무사히 구조되었다. 내가 주의 깊게 들은 건 다음 이야기다. "같이 탄 친구는 10년이 지난 지금까지 엘리베이터를 못 타요." 너는 어떠냐고 물으니 이렇게 답했다. "아무렇지 않아요. 엘리베이터를 탈 때 또 사고 나면 어쩌나 하는 생각을 해본 적이 거의 없어요. 엘리베이터 잘 타요."

내게도 비슷한 경험이 있다. 열아홉 살 때 폭풍주의보가 내린 바다에 빠져 하마터면 큰일 날뻔했는데 그로부터 몇 년 후 수영 강습 받는 나를 보고 친구가 한 마디 했었다. "너는 바다에 빠져 죽을뻔해 놓고도 물이 안 무섭냐?" 그 말을 듣고서야 처음으로 바다에 빠지면 물을 무서워할 수도 있겠구나 자각했을 뿐이다. 반면에 뜀틀에 대한 공포는 있다. 초등학교 때 딱 한 번 5단 뜀틀을 넘다가 와르르 무너졌던 기억 때문인데 그 후 중고교 시절 뜀틀 시험은 거의 0점 처리되었다. 선생님이 어이없어하며 다시 뛸 기회를 주어도 고개를 흔들며 속으로 '차라리 빵점을 맞고 말겠어요.' 하며 뒤로 물러섰고 친구들은 이 간단한 걸 왜 못 하냐며 야단이었다. 나도 내가 왜 물에 빠지는 것보다 뜀틀 무너지는 것에 훨씬 공포감을 느끼는지 설명하지 못한다. 누가 봐도 객관적으로 뜀틀에 깔리는 것보다 물에 빠지는 것이 훨씬 위험한데 말이다.

사람은 같은 일을 겪더라도 다른 감정을 경험하고 또 다르게 기억한다. 심지어 똑같은 걱정거리를 두고도 어떤 사람은 쉽게 여기고 어떤 사람은 어렵게 여긴다. 각자가 속한 여건이나 상황이 다르기도 하지만 기질을 무시할 수 없다. 에밀 졸라는 《테레즈 라캥》을 쓰면서 "나는 사람의 성격이 아니라 기질을 연구하기 원했다."고 했는데 성격이 타고난 성질이라면 기질은 그에 따른 정서적 반응으로 성향과 비슷한 말이다. 오히려 성격보다 지속적이고 변화하지 않아 '운명과 기질은 같은 개념의 다른 말'이라는 소리까지 있을 정도이다. 최근 "너는 MBTI가 뭐야?", "MBTI가 어떻게 되세요?"라는 질문을 쉽게 들을 만큼 MBTI 테스트가 유행인데 직접 해보니 성격이라기보다 기질 테스트에 가깝다는 생각이 든다. 실제로 칼 융의 심리 유형론을 토대로 했다고 하는데 MB는 이 테스트를 고안한 두 사람, 마이어스Myers와 브릭스Briggs의 첫 글자들이다.

　기질과 그에 따른 감정적 경험이 고유의 기억을 만들고 미래와 연결하고 상상할 때마다 꺼내 쓸 수 있는 데이터베이스를 구축한다. 어떤 방향으로 작동하는 것이 바람직할지는 로망 롤랑의 이 말이 암시한다. "거기에서는 끊임없이 과거와 미래가 싸우고 있다. 이 전장에서는 늘 새로운 법칙이 낡은 법칙을 대신한다." 인생에 빗대어 한 말이지만 감정에서 끊임없이 벌어지는 전장이기도 하다. 여기에서 역시 새로운 법칙이 낡은 법칙을 대신하지 못할 때 프레임에 갇힌 발상이나 선택, 발언 등을 하게 된다. 우리가 그토록 의존하는 낡은 법칙, 즉 기억이 불완전하다는 사실을 염두에 둘 필요가 있다. 대부분 자신의 기질과 감정을 이해하지 못한 상태에서 저장한 데다 최신 리메이크 작으로 만드는 과정에서 조작을 가하기 때문이다.

　　이제 나는 나의 감정에서 과거와 미래가 싸울 적에 이런 새로운 법칙이 낡은 법칙을 대신하기를 바란다. "나는 나의 기분과 감정을 통제할 수 있으며 그 주도권을 함부로 외부에 넘기지 않겠다. 설령 과거나 미래에게라도."

슬픔에)

(대처하는 법

10

사랑하는 사람을 떠나보낸 사람은 혼자가 된다. 나도 그 사람
들의 삶의 일부였고 그들도 나의 삶의 일부였다. 그들과 함께
했던 때가 너무 그립다. 만약 그들이 아직 내 곁에 있다면 내
삶이 어떻게 되었을지 궁금하다. 결코 이루어질 수 없는 그 모
든 것들이 너무나 그립다.

— 키아누 리브스

슬픔의 감정에서 강한 세기가 비탄이다. 비탄은 창자가 끊
어지고 하늘이 무너지는 슬픔이다.

속았다, 속았다, 나 속았다.

그 사람 날 버리고 갔네.

이렇게 속을 줄이야 내 몰랐다.

그 사람, 왜 날 버리고 갔나?

나 몰랐네, 나 모르겠네, 참 모르겠네.

소월이 지은 이 시의 제목은 끊을 단斷, 창자 장腸, 〈단장斷腸〉이다. 사랑하는 사람에게 버림받은 슬픔을 창자가 끊어진다는 뜻을 가진 단 두 글자, '단장'으로 표현했다. 세상에는 많은 슬픔이 있는데 사랑하는 사람과의 이별이 유독 애달프다. 서로를 연결한 감정의 줄이 끊어져서 영혼이 수천 군데서 부서져버린다. 비탄에 빠질 때 인간은 세상에 혼자임을 절감한다. 외로움이나 고독이라는 말로는 충분치 않다. 매일 매 순간 이 고통이 어떻게 자신을 쓰러뜨리고 갈기갈기 찢고 구석구석 후비는지 아무도 알지 못해 세상과 단절된 고립감을 느낀다.

"인간이 이토록 슬픈데, 주여, 바다가 너무도 푸릅니다."

일본 나가사키의 바닷가에 서 있는 〈침묵의 비〉에 새겨진 글귀이다. 작가 엔도 슈사쿠는 소설 《침묵》에서 우리가 고통을 당할 때 신은 왜 침묵하느냐고 절절하게 물었다. 비슷한 말을

박완서 선생도 했다. 책 제목이기도 한 《한 말씀만 하소서》에
서다. 선생은 1988년에 부군을 하늘나라에 보내고 석 달 만에
생떼같은 외아들을 갑작스런 사고로 잃었다. 단장지애는 극심
했다. 아들을 따라 죽지 못하는 자신을 저주했고 이런 고통을
안겨준 하늘을 원망하며 내 아들이 왜 죽어야 했는지 더도 덜
도 말고 딱 "한 말씀만 하소서!" 신을 죽이고 또 죽였다. 하늘만
원망스러운 것이 아니었다. 자신은 하늘이 무너지고 땅이 꺼지
며 숨조차 제대로 쉴 수 없는데 사람들이 아무 일 없다는 듯 살
아가는 모습에 극심한 배신감을 느꼈다. 선생은 "내 아들이 없
는 세상 차라리 망해버리길 바란 건 아니었을까." 하고 당시 겪
은 비통함을 15년이 지나서 솔직하게 털어놓았다.

    자식을 잃은 슬픔을 단장에 비유한다면 부모를 여의는 슬
픔은 천붕天崩에 비유한다. 하늘이 무너지는 슬픔이라는 뜻이
다. 요시모토 바나나가 쓰고 나라 요시토모가 그림을 그린 소
설 《데이지의 인생》은 그 슬픔을 이야기한다. 데이지는 어렸을
때 엄마와 함께 차를 타고 가다가 사고를 당했고 그 자리에서
사랑하는 엄마의 죽음을 생생하게 목격한다. 크게 다친 데이지
는 절박한 심정으로 엄마를 따라가려고 하지만 엄마의 영혼은
딸의 생명을 손바닥으로 꾹꾹 눌러 넣는다. 그 우악스럽게 내
리누르던 엄마의 손바닥 감촉이 오랜 세월이 흐른 후에도 생
생해서 이런 흔적을 남긴다. "그 광경과 그것을 보았을 때의 내

기분을 나는 절대 잊지 못한다. 그 후 나는 이 세상 모든 것의 이면에서 그 충격과 비슷한 것을 감지하게 되었다. 아무리 평화로운 풍경이라도 그 뒤에는 위태로움이 숨어 있으며, 우리가 아름다운 모습으로 거리낌 없이 웃을 수 있음에 신이라 불리는 존재가 결부되지 않는다면 오히려 부자연스럽다."

꼭 지키고 싶었던 가치, 유일무이한 존재를 상실하는 경험을 하고 나면 이전과 똑같은 마음으로 세상을 볼 수 없게 된다. 내 경우에는 아버지를 여의고 모든 감정이 한두 단계씩 톤 다운되었음을 느낀다. 특히 기쁨이라는 감정이 그렇다. 기쁜 일이 생겨도 예전처럼 막 기쁘지 않고 왁자하게 웃다가도 끝이 적막하다. 축하할 일 생기는 날이 결국엔 가장 우울한 날이 되고 마는 아이러니가 벌어지고는 한다. 놀랄 일이 생겨도 그리 놀랍지 않고 화날 일이 생겨도 그다지 화나지 않는다. 심지어 무서운 것도 없어졌다. 모든 것이 죽음 앞에서 사소해지고 만다. 그러면서 바람이 생겼는데 진짜만 곁에 두고 싶다는 것이다.

내게 있어 진짜란 진심을 지닌 것이다. 사실보다 진실이 중요하고 진실보다 진심이 소중하다. 유일무이한 존재를 상실하는 경험을 연거푸 하고 나서야 진심을 알아보는 눈이 생긴 것 같다. 유일무이할 수밖에 없는 이유가 함께 나눈 진심과 시간에 있음을 깨우쳤기 때문이다. 그래서 그 진심의 힘으로 남은 생을 살아갈 수 있음을 실감하기 때문이다.

　여기에 이르기까지 7년 정도 걸린 것 같다. 그래도 여전히 "죽은 사람은 죽은 사람이고 산 사람은 살아야지."라든가 "떠난 사람은 빨리 잊어야지." 같은 말이 너무 가슴 아프다. 상실의 아픔에 대한 잘못된 인식이며 위로의 말로도 적합하지 않다. 살아 있다는 사실이, 잊을 수 있다는 사실이 살아남은 자의 죄책감과 허망함을 자극한다.

　상실에 대해서는 충분한 애도의 기간이 필요하고 슬픔에 빠진 이에게는 충고나 조언 대신 영혼을 쓰다듬어주는 위로와 다정함이 필요하다. 그리고 세월이 흘러 마침내 비탄의 끝에 다다르면 자기 인생의 한 장章이 마무리되어 넘어가는 것을 느낀다. 내 남은 시간을 바쳐서라도 돌이키고 싶지만 잠 속의 꿈 말고는 돌아갈 방법이 없다. 상실의 아픔이 처음부터 예고한 것이기도 하다. 또한 가장 유의미한 존재가 사라졌는데 이전과 똑같이 살 수 있는 사람은 아무도 없다. 그리하여 서서히 새로운 장이 시작된다. 그 장에서는 등장인물도, 주제도, 자신도 달라질 것이다.

　서둘러 장을 넘기려 하지 않아도 된다. 때가 되면 저절로 넘어간다. 그렇다고 잔뜩 웅그린 채 넘어가기만을 기다리면 몸과 마음이 너무 많이 아프다. 이럴 때 나는 '소금물'의 도움을 크게 받았다.

"만병통치약을 알고 있지. 바로 소금물이야."

내가 물었다. "소금물?"

"응." 그가 말했다.

"바로 땀, 눈물, 그리고 바다."

— 이자크 디네센

(　눈물,

　　　액체로 된 포옹　)

11

친구가 옆에 선 나무를 손가락으로 가리키고는 "저 벌레는 뭘까?" 묻는다. 줄기에 벌레가 여럿 붙어 있다. 건성으로 잘 모르겠다고 대답하고 다시 나누던 대화 속으로 빠졌는데 얼마 후 친구가 다시 나무를 보더니 "아직도 있네?" 한다.

벌레가, 그것도 여러 마리가 다 같이 30분이나 꼼짝 않고 같은 자리에 붙어 있을 리가 없다. 가까이 다가가 살펴본 그것의 정체는 바로 매미의 허물, '선퇴'였다. 어린 시절 처음 선퇴를 발견했을 때 충격이 떠올랐다. 딱, 이 하이쿠 구절 같았다.

"너무 울어서 속이 텅 비어버린 매미."

— 바쇼

그러나 울어서 속이 텅 비어버린 게 아니라 울기 위해서 벗어놓았다. 그러니 앞서의 하이쿠는 매미가 아니라 바쇼 자신을 투영해서 한 표현일 것이다. "너무 울어서 속이 텅 비어버린 나."

매미가 두고 떠난 허물을 보면서 '성장통'을 떠올린다. 누구라도 살면서 몇 번이라도 아프다. 어떤 종류의 아픔은 지금까지의 나를 벗어서 내려놓으라고, 내 안의 내가 나에게 보내는 명령이다. 그 신호가 '울음'일 때가 많다.

빅토르 위고의 《레 미제라블》에서 장 발장이 가석방하면서 받은 통행증에는 이런 문구가 들어 있었다. "장 발장은 굉장히 위험한 인물이다." 무슨 근거로 그것도 '굉장히' 위험하다는 판정을 받았을까. "해가 감에 따라 그의 영혼은 더욱 메말라 갔다. 천천히, 그러나 결정적으로. 마음이 메마르면 눈물도 마른다. 형무소를 나올 때까지 19년 동안 그는 한 방울의 눈물도 흘린 적이 없었다. 그래서 굉장히 위험한 인물이 되고 만 장 발장이 새롭게 태어난 것은 19년 만에 처음으로 눈물을 흘린 그날이었다. 둑에 갇혀 있던 눈물이 범람하면서 퍼석퍼석하게 메말랐던 마음과 영혼에 물기가, 생명이 돌기 시작했다. 말갛게 씻

긴 마음의 눈을 들어 세상을 바라보니 앞으로 가야 할 길이 보였다. 그제야 비로소 자기 자신과 타인을 진심으로 포옹할 수 있었다. "눈물, 액체로 된 포옹." 미국 텍사스에 있는 마크 로스코 대성당의 방명록에 있었다는 문구이다. 눈물은 허물을 벗긴다. 아니 허물을 녹인다. 그제야 내가 나를, 내가 당신을, 당신이 나를 허물없이 포옹한다.

통
각
편
감
정
어
휘

지금 내가 느끼는 감정을
적절한 어휘로 표현해보자!

(감각 어휘)

아프다 — 따갑다 — 쑤시다 — 아리다(아릿하다) — 저리다(저
릿하다) — 쓰리다 — 쓰라리다 — 자리다(자릿하다, 짜릿하다)
— 후비다 — 찢기다 — 뻐근하다 — 미어지다 — 기진맥진하다
— 편하다 — 괜찮다 — 딱딱하다 — 말랑말랑하다 — 간질간질
하다 — 근질근질하다

'아프다'에는 여러 종류가 있다. 우선 '따갑다'는 '찌르듯
이 아픈 느낌이 있다'이다. 가시나 주사바늘에 찔렸을 때도 쓰
지만 시선이나 충고 따위가 매섭고 날카롭게 마음을 찌를 때
도 쓴다. '따끔하다', '뜨끔하다' 등도 같은 풀이를 갖는다. 여기

서 좀 더 깊숙이 찌르는 느낌이면 '아리다'라고 하고 약한 말
이 '아릿하다'이다. '쑤시다' 역시 '바늘로 찌르는 것처럼 아픈
느낌이 들다'이다. 바늘이 아니라 꼬챙이로 깊숙이 들이쑤셔
서 흐트러뜨리는 느낌이면 '저리다', '쓰리다'이고 저리다의 약
한 말이 '저릿하다'이지만 쓰리다의 약한 말은 따로 없다. 아리
다와 쓰리다를 합쳐 '쓰라리다'라고 한다. 어휘에도 인플레이
션이 있어서 기존의 언어가 가진 느낌이 점차 약화되는 경향이
있는데 저리다, 쓰리다, 쓰라리다 모두 매우 고통스러운 상태
이다.

고통의 극한에 이른 표정과 희열의 극한에 이른 표정은 비
슷하다고 한다. 통각에 있어 그 어휘는 '자리다'라고 할 수 있
다. 자리다는 '저리다'의 약한 말이지만 '자릿하다'의 큰말이다.
자릿하다의 센말이 우리가 통상 쓰는 '짜릿하다'이다. '가슴이
나 마음 따위가 못 견딜 정도로 아픈 느낌이 들다'라는 뜻을 갖
지만 심리적으로 자극을 받아서 순간적으로 흥분되고 떨릴 때
주로 쓴다. 찌르는 방식이 아니라 긁거나 돌려 깊이 파내는 것
처럼 느끼는 아픔은 '후비다'라고 하고 잡아당겨 갈리는 것처
럼 느끼는 아픔은 '찢기다'라고 한다. 모두 심한 고통을 알린다.
이런 아픔들이 차곡차곡 쌓여 터지기 직전의 상태가 '뻐근하
다', '미어지다'이다. 견디기 힘든 상태를 알린다. 겨우 견디는
데 기운이 다하고 맥이 다 빠져 스스로 가누지 못할 지경이 되

는데 이를 한자어로 '기진맥진'이라 한다.

괴로움이 지나가면 더 이상 괴롭지 않은 것만으로도 좋은 상태, '편하다'가 된다. 편할 뿐 아니라 더 이상 걱정이 없다면 '편안하다'이다. '괜찮다' 역시 더 이상 탈이나 문제, 걱정이 되거나 꺼릴 것이 없는 상태를 알린다. 주어나 목적어에 따라서 '좋다', '상관없다', '관계없다', '무난하다', '웬만하다', '그럴듯하다' 등으로 바꾸어 말해도 통하는 뜻을 갖는다. 사전적으로는 '별로 나쁘지 않고 보통 이상이다'라는 뜻으로 "괜찮다, 괜찮다, 다 괜찮다."는 말은 분명 커다란 응원의 말이 될 수 있다. 그러나 성향이나 상황에 따라서 좀 나쁘고 보통 이하인데도 괜찮다고 할 때가 적지 않아서 무사안일이나 상대를 안심시키는 용도로 쓰이는 경향이 없지 않다.

편하고 괜찮은 상태를 한동안 유지하다 보면 아리고 저리고 쓰리고 후비고 찢기고 뻐근하고 미어졌던 마음이 시나브로 아무는 것을 느낀다. 눈으로 볼 수 없어 회복의 정도를 가늠하기 힘들지만 스스로를 보호하기 위해 방호갑을 두른 것처럼 감정이 딱딱하다면 아직 회복되지 않은 것이다. 여기서 '딱딱하다'는 '맺힌다'와 같은 의미를 갖는다. 맺힌 것 없이 야들야들하고 보드랍다면 그래서 말랑말랑하다면 회복된 것이다. 우리의 마음에는 아무리 극한의 상황이라 해도 '씨알'은 결코 사라지는 법이 없는데 단지 발아되느냐 그러지 못하느냐의 차이일 뿐이다. 봄날에 비온 뒤 대지처럼 말랑말랑해지면 씨알이 발아를 준비한다. 씨알이 말랑말랑하면 썩는다. 씨알은 언제나 딱딱하다. 다른 말로 단단하다. 외형적으로 같은 '딱딱하다'라도 '맷힌다'와 '단단하다'로 연유가 다를 수 있다. 씨알은 싹을 틔우기 직전에 간지럼을 탄다. 싹을 틔우고 싶은 의지와 꽃을 피우고 싶은 설렘으로 간질간질하고 근질근질하다. 바야흐로 '때' 가 된 것이다.

수심 – 슬픔 – 비탄의 감정 어휘

> ### 흔히 '슬프다', '힘들다'고 표현하는 말

☐ **안심이 되지 않아 속을 태우는 마음**

걱정 / 고민 / 근심 / 수심 / 시름 / 염려 / 우려 / 심려

☐ **기운이 없어지고 풀이 죽거나 약해지다**

의기소침하다 / 기운이 없다 / 의욕이 없다 / 기죽다 / 주눅들다

☐ **걱정이나 슬픔에 잠겨 활기를 잃다**

우울하다 / 울적하다 / 침울하다 / 침체되다

☐ **(불행을 만나거나 몹시 외롭거나 하여) 울고 싶어지도록 마음이 아프다**

슬프다 / 구슬프다 / 애통하다/ 비통하다

☐ **분하고 억울해서 슬프다**

서럽다 / 원통하다

☐ 쓸쓸하고 외로워 슬프다

서글프다

☐ 보잘것없고 변변하지 못하다

초라하다 / 하찮다 / 변변찮다 / 궁상맞다 / 허름하다 / 처량하다 / 볼품
없다

☐ 사정이나 처지가 안되어 슬프다

불쌍하다 / 안타깝다 / 가엾다 / 딱하다 / 짠하다 / 눈물겹다 / 가련하다
/ 측은하다 / 애달프다 / 안쓰럽다 / 애처롭다 / 애잔하다 / 기구하다

—

'안쓰럽다'는 특별히 손아랫사람이나 약자의 딱한 형편에 대해 쓴다.

☐ 마음에 모자라 만족스럽지 못하는 느낌이 있다

서운하다 / 섭섭하다 / 아쉽다 / 아깝다 / 애석하다 / 유감스럽다 / 애틋
하다

—

'애틋하다'는 '¹섭섭하고 안타까워 애가 타는 듯하다', '²정답고 알뜰한 맛이 있
다'로 두 가지 풀이를 갖는다.

☐ 따뜻한 정 없이 쌀쌀맞고 인정 없는 행동이나 그런 행동을 한 사람이 섭섭하게 여겨져 언짢다

야속하다 / 무정하다 / 매정하다 / 비정하다

☐ **무엇을 잃거나 의지할 곳이 없어진 것 같이 서운한 느낌이 있다**

　허전하다 / 허무하다 / 허탈하다 / 썰렁하다 / 공허하다

☐ **더할 수 없는 슬픔으로 마음이 괴롭다**

　비참하다 / 참담하다 / 참혹하다 / 처절하다 / 처참하다 / 끔찍하다 / 비
통하다 / 애통하다

☐ **바라던 일이 뜻대로 되지 않아 마음이 상하거나 기운이 꺾였다**

　실망하다 / 낙심하다 / 낙담하다 / 실패하다 / 절망하다 / 좌절하다 / 참
담하다 / 암담하다

☐ **슬픔이나 노여움 따위의 감정으로 가슴이 갑자기 꽉 차는 듯하다**

　뭉클하다 / 울컥하다 / 북받치다

☐ **어떤 일이나 상태가 이루어졌으면 하는 느낌이나 생각이 매우
강렬한 마음**

　간절하다 / 갈망하다 / 절실하다 / 절박하다 / 절절하다 / 지극하다 / 처
절하다 / 간곡하다 / 사무치다

☐ **양심에 거리끼어 볼 낯이 없거나 마음이 편치 못 하다**

　부끄럽다 / 미안하다 / 죄송하다 / 죄스럽다 / 겸연쩍다 / 송구하다

☐ **몸이나 처지가 좋지 못해 몹시 힘들다**

　힘겹다 / 고단하다 / 고달프다 / 고되다 / 곤고하다 / 피로하다 / 피곤하다

☐ **힘든 일을 하거나 어떤 일에 시달려서 기운이 빠지다**

지치다 / 기진하다 / 탈진하다

☐ **어떠한 일을 감당할 수 있는 기운과 힘이 없다**

무기력하다 / 무력하다 / 맥없다 / 허탈하다

☐ **하려던 일을 도중에 그만두어 버리다**

그만두다 / 포기하다 / 단념하다 / 체념하다

☐ **홀로 되거나 의지할 곳이 없어 마음이 구슬프다**

외롭다 / 적적하다 / 쓸쓸하다 / 적막하다 / 막막하다

☐ **아무 값어치나 의의가 없다고 느끼다**

무의미하다 / 부질없다 / 헛되다 / 덧없다 / 무상하다 / 보람 없다 / 소용
없다

☐ **가졌던 물건이나 관계 등이 없어지거나 아주 사라지다**

상실하다 / 잃다 / 잃어버리다 / 놓치다

☐ **자신의 결함이나 잘못을 깨닫고 스스로를 꾸짖는 마음**

자책 / 후회 / 뉘우침 / 회한 / 각성 / 반성

☐ **보고 싶어 애타는 마음**

그리움 / 동경 / 선망 / 흠모 / 염원

관심 – 기대 – 경계의 감정 어휘

> ### 흔히 '좋다', '이상하다'고 표현하는 말

☐ **어떤 대상이나 일에 끌리는 마음**

관심 / 신경 / 시선 / 주목 / 주의 / 눈길 / 각광 / 흥미 / 호기심 / 궁금증

—

좋아하거나 모르는 것을 알고 싶어 하는 마음이 '호기심'이라면 무엇이 알고
싶어 마음이 몹시 답답하고 안타까운 마음이 '궁금증', 또 어떤 대상에 마음이
끌린다는 감정을 수반하는 관심은 '흥미'이다.

☐ **생각이나 바람대로 어떤 일이나 상태가 이루어졌으면 하고 생각
하다**

바라다 / 원하다 / 소망하다 / 희망하다 / 소원하다 / 기원하다 / 빌다

☐ **어떤 일이 바라는 대로 이루어지기를 바라면서 기다리다**

기대하다 / 고대하다 / 학수고대하다

☐ **가지거나 차지하고 싶은 마음이 생기다**

탐나다 / 부럽다 / 선망하다

☐ **간절하게 그리워하며 그것만을 생각하다**

동경하다 / 꿈꾸다 / 그리다 / 사랑하다 / 연모하다

☐ **의심스럽거나 보통과 달리 알 수 없는 데가 있다**

이상하다 / 수상하다 / 괴상하다 / 신기하다 / 야릇하다 / 특이하다 / 묘하다

—

정상적인 상태와 다르다는 뜻으로 승자독식의 어휘인 '이상하다'는 한자어로 '상태나 현상이 정상이 아니다, 보통과 다르다, 이제까지와 달리 별나다'는 뜻이다.

☐ **지금까지의 경험이나 지식과는 달리 별나거나 색다르다**

이상하다 / 별나다 / 별다르다 / 유별나다 / 색다르다 / 독특하다 / 특별하다

☐ **생김새 따위가 이상하고 묘하다**

기묘하다 / 기이하다 / 괴상하다 / 흉측하다

☐ **이미 알고 있는 사실에 대하여 전과 달리 갑자기 새롭게 느껴진다**

새롭다 / 새삼스럽다 / 생뚱맞다 / 느닷없다 / 새롱스럽다

☐ **순순히 받아들여지지 않고 언짢은 기분이 들며 기분이 상하다**

거슬리다 / 거치적거리다 / 걸리적거리다 / 방해되다

□ **그런 것 같기도 하고 그렇지 않은 것 같기도 하여 분간하기 어렵다**

아리송하다 / 알쏭달쏭하다 / 어슴푸레하다 / 희미하다 / 불확실하다

□ **어떤 상태가 되거나 어떤 일이 일어날 수 있는 확실성의 정도**

가능성 / 가망 / 공산 / 여지 / 싹수

—

확실성의 정도에 따라 있다, 없다, 적다, 크다를 붙여 쓸 수 있다.

□ **무엇을 하고자 하는 적극적인 마음이나 욕망**

의욕 / 욕망 / 의지

□ **어떤 일이나 행동을 일으키게 하는 것**

동기 / 계기 / 발단 / 원인 / 충동

—

이 중 '충동'은 갑작스럽게 마음을 흔들어 하고 싶도록 만든다는 뉘앙스가 있다.

□ **뜻밖의 사고가 생기지 않도록 조심하여 단속하다**

경계하다 / 조심하다 / 주의하다 / 삼가다

□ **관심을 가지고 자세히 알아보다**

주목하다 / 눈여겨보다 / 살피다 / 관찰하다

□ **앞으로의 일이 잘 되어 갈 것으로 여기다**

낙관하다 / 희망적이다

☐ 앞으로의 일이 잘 안 될 것이라고 보다

비관하다 / 절망하다

마음이 피부가 되어 비단결처럼 부드럽게 느낄 때가 있고
잘못 켠 나무판자마냥 까칠까칠하게 느낄 때가 있다.
촉감을 좌우하는 요소로 친절함, 소중함, 기억, 위로, 모욕,
눈물, 의욕, 배고픔, 피로함 등이 있고
그 부드러움과 거친 정도에 따라 편안함/불편함, 낙관/혼란,
친절함/옹졸함, 자부심/모욕감, 감사/분노를 느낀다.
마음결의 상태가 내가 머무는 곳을 이상향으로 만들거나
혹은 지옥으로 만든다.

4장

촉감으로
신호를 보내는 감정

'부드럽다'에서 '거칠다'까지,
그리고 그 사이

부드럽다 ·························· 거칠다

(감정)

편안함 ——— 불편함

낙관 ——— 혼란

친절함 ——— 옹졸함

자부심 ——— 모욕감

감사 ——— 분노

(촉감을 좌우하는 요소들)

친절함, 소중함, 기억, 위로, 모욕, 눈물, 의욕, 배고픔, 피로함 ↑↓

(감각 어휘)

포근하다 — 보드랍다 — 부드럽다 — 말랑말랑하다 — 매끄럽다 — 몽글몽글하다 — 몽실몽실하다 — 간지럽다 — 깔깔하다 — 까칠까칠하다 — 깔끄럽다 — 뻣뻣하다 — 딱딱하다 — 굳다 — 팽팽하다 — 억세다 — 거칠다

감정이 가리키는
방향으로 〉

〔 용감하고
담대하게

1

'부드럽다'는 '성질이나 태도가 억세지 아니하고 매우 따뜻하
다'이고 '거칠다'는 '행동이나 성격이 사납고 공격적인 면이 있
다'이다. 부드럽다와 거칠다는 곧잘 '결'과 어울려 쓰인다. 머릿
결, 바람결, 살결, 숨결, 마음결이 부드럽다/거칠다. 이렇게 풀
어놓고 보니 부드럽다/거칠다로 상태를 나타낼 수 있는 대상이
나 사물이라야 '결'을 붙일 수 있는 거 같기도 하다. 머리카락,
바람, 물, 살, 숨, 마음…….

　보이지 않는 바람이 바다를 움직여 파도를 일으킨다. 잡히
지 않는 바람이 바위와 돌을 깎고 나뭇가지의 방향을 외튼다.
바람결이 물결을 일으키고 나무와 돌에 무늬를 새기고 모양새

를 바꾼다.

마음의 성질이 그와 비슷하다. 미풍이 불면 부드럽게, 폭풍이 불면 거칠게 물결친다. 또한 오랜 세월 일정한 방향으로 계속 밀어붙이면 깎이고 닳는다. 외틀어진다. 그럴 수밖에 없는 것을 두고 왜 한결같지 않느냐고 묻는다면 하루 사이로 달라지는 바람보다는 덜하지 않느냐고 변명하련다.

'결'은 바탕이나 상태를 가리킨다. 마음의 결이 부드러울 때 이런 사람이 된다. 순한 사람, 넉넉한 사람, 원만한 사람, 유연한 사람, 막힘이 없는 사람, 편안한 사람. 마음의 결이 거칠 때 이러한 사람이 될 수 있다. 무뚝뚝한 사람, 퉁명스러운 사람, 사나운 사람, 포악한 사람. 때로 나는 나의 마음결이 거침없이 거칠어지기를 원한다. 용감함과 담대함은 혁명에만 필요한 게 아니다. 도무지 이 세상은 사람이 살아가는 데 필요한 최소한의 욕구인 안전욕구를 충족하고 스스로를 지키는 것에조차 용감함과 담대함이 필요한 것이다. 계발하는 데 무모함은 필연이고 무모한 용감함이나 담대함은 십중팔구 실패한다. 실패는 앞으로 자신의 위대한 용감함과 담대함을 어떤 방식으로 발휘해야 하는지 반성하고 모색할 시간이 필요하다는 사실을 깨우친다. 이러한 수고는 무엇을 위한 걸까.

당연하게도 생명을 유지하기 위해서이다. 육체적인 생명

을 유지하기 위해 '안전'이 필요하고 정신적인 생명을 유지하기 위해 '평안'이 필요하다. 안전은 위험이 생기거나 사고가 날 염려가 없는 상태이고 평안은 걱정이나 탈이 없는 상태이다. 메건 더바인이 쓴 《슬픔의 위로》에 따르면 '비교적 평온함'의 증거란 이러하다. "정서적 평정, 자신에게 친절하기, 고통 속에 혼자 버려지지 않았다는 느낌, 인정받은 느낌, 마음의 안정감, 몸이 필요한 만큼 충분한 섭식, 자신의 정서적 상태가 어떻든 간에 주위로부터 받아들여지고 있다는 느낌, 다른 사람의 적절치 않은 행동이나 태도에 대해 분명하게 자신의 생각을 말하거나 바로잡아줄 수 있는 능력, 상대의 말이나 태도를 지나치게 개인적으로 받아들이지 않는 것, 격앙된 감정을 자각할 수 있는 능력, 혹은 그러한 감정을 다스리기 위해 스스로 상황을 피할 수 있는 능력, 타인이나 세상을 떠난 사람과 연결되어 있다는 느낌."

심리학에서는 안전을 최소한의 욕구라고 분류하는데 여기서 최소한이란 공기나 물처럼 생명을 유지하는 데 가장 기본적인 필수조건이라는 뜻이다. 바로 이 기본을 지키기 위해 용감함과 담대함을 발휘해야 하는 순간이 닥친다. 그때가 언제인지 스스로 감지할 수 있다. 모든 유기체는 '항상성'을 지니는데 살아 있는 유기체가 생존에 필요한 안정적인 상태를 유지시키는 과정을 말한다. 대표적인 항상성으로 체온조절이 있다. 지나치게 춥거나 더우면 뇌가 체온을 높이라든가 낮추라는 신호를 보내고 체온을 높이거나 낮추는 행동으로 이어진다. 마음도 항상성이 있다. 안전이나 평안이 깨졌다는 신호, 혹은 잘 유지하고 있다는 신호를 보내는데 이것이 '감정'이다.

감정을 크게 두 부류, 긍정적인 감정과 부정적인 감정으로 나눈다면 긍정적인 감정은 욕구가 충족되고 있으며 안정적인 상태를 유지하고 있다는 신호이고 부정적인 감정은 욕구가 충족되지 못하고 있다, 충족되지 못할 것 같다, 혹은 충족되고 있던 안정적인 상태가 깨지려고 한다, 깨지고 있다, 깨졌다 등의 위험 신호라고 볼 수 있다. 영하의 추위에서 벌거숭이로 있다가는 얼어 죽는다. 따뜻한 곳을 찾아가거나 옷을 더 껴입어야 한다. 감정도 비슷하다. 조치를 취하지 않으면 생명을 유지하기 힘들다. 이것이 자신의 감정을 살펴야 하는 중요한 이유이다.

어떤 감정을 느끼느냐에 따라 셋 중 하나를 행위로 선택한다. 접근-금지-회피. 어떤 대상이나 사물을 대할 때 긍정적인 감정을 느낀다면 접근할 것이고 부정적인 감정을 느낀다면 금지거나 회피할 것이다. 그러나 자신의 감정이 타인이나 사회의 감정과 꼭 일치하지는 않아 갈등이나 충돌을 겪기도 하는데 이럴 때 용감하고 담대하게 자신의 감정이 가리키는 방향으로 나아가는 사람들이 있다. 거침없이 거칠어져 용감하고 담대하게 접근하거나, 용감하고 담대하게 금지 혹은 회피하거나.

내 감정의

이상향 .

2

감정에 있어서 긍정적 = 좋다, 부정적 = 나쁘다는 식의 공식은 성립될 수 없다. 긍정적인 감정이 도리어 위험을 감지하는 방해물이 되고 부정적인 감정이 원동력으로 작용하는 사례는 허다하다. 그렇다 해도 배고프면 우선 밥부터 먹어 허기를 채워야 하듯 긍정적이거나 부정적인 감정도 지나치게 한쪽으로 치우쳐 있으면 다스리거나 달래주어야 한다. 듣기 좋은 꽃노래도 한두 번이고 애도 없는 죽음은 서글프다. 다스리든 어루만지든 감정을 챙기는 과정을 무시하고 곧장 현실의 목적지로만 내달릴 때 심성이 파괴된다. 생각, 감정, 느낌, 정서, 기억 등이 생기고 자리잡는 무형의 공간인 마음이 서서히 부서진다. 만일 무엇을 보고도 참인지 거짓인지, 올바른지 그른지, 아름다운지 추한지, 기쁨인지 슬픔인지 분별하지 못한다면 그이는 생각, 느낌, 정서, 기억 등이 태어나고 사는 집인 마음이 많이 부서진 사람이다. 감정에 오·작동이 발생한다.

절대로 위험이 생기거나 사고가 날 염려가 없고 또 절대로 걱정이나 탈이 없는 상태로 지낼 수 있는 곳이 있다면 딱 한 군데뿐일 것이다. '이상향.'

사람들은 이상향이 이 땅에 존재하지 않는다고 하지만 이상향은 가는 것이 아니라 오는 것이다. 내가 생각하는 이상향은 이상적인 조건을 갖춘 공간이 아니라 감정이다.

안전한 공간에 있고 보호받고 존중받을 때 우리의 몸은 부드럽고 물렁해지며 마음은 포근함을 느낀다. '포근하다'는 '감정이나 분위기 따위가 보드랍고 따뜻하여 편안한 느낌이 있다'이다. 이 포근함이 온전히 내 것이며 쉬이 깨지지 않으리란 낙관과 희망이 울력하면 기분이 '몽실몽실'하고 '몽글몽글'하다. '몽실몽실하다'는 '구름이나 연기 따위가 동글동글하게 뭉쳐서 가볍게 떠 있거나 떠오르는 듯하다'이고 '몽글몽글하다'는 '덩이진 물건이 말랑말랑하고 몹시 매끄럽다'이다. 이상향이 나에게 도착했다.

언제 이상향이 나에게 도착하는지 기억해둬야 한다. 어떤 상황에서 몸이 부드럽고 물렁해지며 또 어떨 때 마음이 포근하고 몽실몽실하고 몽글몽글해지는지 기억해야 한다. 부정적인 감정이 나를 휩쓸 때 그 기억을 꺼낼 수 있다면 그래서 이상향을 스스로에게 마련해준다면 감정의 해일에 대책 없이 휩쓸려 떠내려가는 사태를 방지할 수 있다. 나의 마음은 무사하고 곧 평안을 되찾을 수 있을 것이다.

같은 실수나 잘못을 두고 마음결이 부드러울 때는 "그럴 수 있지~" 너그럽고 느긋하고, 마음결이 거칠 때는 "어떻게 그럴 수 있어!" 옹졸하고 성마르다. 부정적인 감정의 원인이 외부가 아니라 내부에 있을 수 있다는 소리다. 사태 파악이라든가 잘잘못 따지기는 스스로 마음결을 살피고 감안한 뒤에 줄잡아도 늦지 않다. 입장을 바꿔 상대가 마음결이 거친 사람처럼 옹졸하고 성마르게 나온다면 오늘따라 왜 저리 밉상이냐고 분노하기 전에 안부를 살펴야 할지 모른다. 어디 아픈 데는 없는지, 밥은 먹었는지, 잠은 잘 잤는지, 집안에 우환은 없는지, 하고 있는 일은 상황이 어떠한지……. 이렇게 이해해보는 것도 좋을 것이다. "음…… 지금 바람이 저이를 흔들고 있군. 지나갈 때까지 내가 기다려줘야겠어." 또 그처럼 내가 나를 이해하고 기다려줘야 할 때가 있다.

사람은 아프거나 배고프거나 졸리거나 거부당하거나 걱정거리가 생기면 본의 아니게 깔깔해진다. 평소라면 매끈하게 넘어갈 사소한 일을 두고도 잘못 켠 나무판자마냥 까칠까칠해진

다. 잔가시처럼 일어선 거친 나뭇결에 내 손이 베이고 남의 손
도 벤다. 조바심내고 서두르고 눈치 보고 꼬투리 잡고 어깃장
놓고 에누리한다. 그리 굴고 돌아서면 두고두고 지레 껄끄럽
다. '껄끄럽다'는 '무난하거나 원만하지 못하고 매우 거북한 데
가 있다'는 뜻이다. 참고로 '깔깔하다'는 '사람의 목소리나 성미
가 부드럽지 못하고 거칠다'이며 '까칠까칠하다'는 '여러 군데
가 몹시 윤기가 없고 거칠다'이다. 껄끄러운 상대를 보면 나도
모르게 깔깔하고 까칠해지니 불편한 상대를 두고 쓸 수 있는
표현이기도 하다.

부드러움이

마음의 회복력을
높인다

3

세상에 태어난 지 얼마 되지 않은 아기의 발바닥은 뺨이나 엉덩이나 똑같이 꽃잎처럼 보드랍다. 그도 그럴 것이 아직 제 발로 땅을 디딘 적이 없는 것이다.

우리에게도 발바닥이 꽃잎 같던 시절이 있었다. 지금은 어떤가. 보여주기 부끄러운 신체부위를 꼽으라면 뱃살보다 발바닥이 아닐는지. 꼬집어도 남의 살처럼 별 느낌 없고 수세미보다 거칠고 가뭄에 금 간 논바닥처럼 갈라져 있다. 더 이상 커다란 어른의 품에 안겨 둥실둥실 떠다니지 않고 제 발로 땅을 디딘 만큼 두껍고 거칠다. 세상이라는 땅바닥에 부딪치고 비비고 누벼가며 살아온 흔적이 발바닥에 꺼끌꺼끌하게 배긴다.

눈에도 깃든다. 세상과 사람, 사물을 대해온 속내가 고스란히 눈동자에 빛으로 박힌다. 세상과 사람을 깊숙이 대한 이의 눈빛은 깊을 것이다. 부드럽게 대한 이의 눈빛은 부드러울 것이다. 사납게 대한 이의 눈빛은 사납고 아무 생각 없이 바라본 이의 눈빛은 멍하고…… 저마다의 눈빛이 생겨난다. 눈에 깃든 빛은 속일 수 없고 숨길 수 없다. 빛이니까. 빛은 어디서든 어떻게든 배어나오는 법이니까. 말로 사람을 찌르거나 때리는 등의 언어폭력에 대한 경계는 이미 많은데 눈빛도 다르지 않다. 경멸이나 혐오, 무시 등의 눈빛은 분노나 증오보다 더 아프게 사람의 마음을 벤다. 눈빛으로 사람을 찌르지 말자.

반면에 부드러운 마음은 이러한 눈빛과 말씨, 태도로 은은히 배어나온다. 따뜻하다, 온화하다, 친절하다, 배려하다, 다정하다, 상냥하다, 온순하다, 인자하다, 살갑다, 돌보다, 돕다, 착하다…… 부드러움은 아픔에 대해 타착불통방(매를 맞아도 아프지 않은 처방)이 되어줄 수 있다. '착하다'는 말이 멍텅구리나 비슷하게 통하는 세상에서 나 혼자 손해 보는 짓으로 비칠지 모르나 부드러움은 마음의 '회복력resilience'을 높이는 중요한 요건이다. 덜 다치고 덜 아프게 하려고 버둥거리기보다 회복력 높이기가 현실적이다. 이불 밖은 지뢰밭이다. 나쁜 일이 나와 부딪쳐 깨진다. 파편들이 보이지 않는 송곳이 되고 칼이 되어 가슴을 찌르고 쑤시고 후비고 찢는다. 아리고 쓰리고 저리다.

회복력을 높이면 스프링처럼 빠르게 평정심을 찾을 수 있다. 자극에 수월하게 대처할 수 있고 변화에 능동적으로 적응할 수 있다. 당연히 스트레스를 줄이는 데도 큰 도움을 준다.

위선이나 가식, 자기애, 예의 등에서 나오는 부드러움은 수두룩하다. 돈 주고 살 수 있는 부드러움은 이미 큰 시장이다. 유·무형의 상품에 필수적 요소이며 멀지 않은 미래에 그 자체로 고가의 상품이 되지 않을까 싶다. 이러한 종류의 부드러움은 감각을 반들반들하게 얼러줄 뿐 기대하는 타착불통방이 되어주지 못한다. 어떻게 해야 진정한 부드러움을 지닐 수 있을까. 각자의 이해득실로 바글바글한 세상에서 부드러운 마음이 곧 태도이자 행동인 이들에게는 어떠한 삶의 내력이 있을까.

소설이나 영화, 드라마 등 많은 스토리가 '구원'이라는 테마를 갖는다. 자신이 얼마나 특별한 존재인지 모르고 살다가 재능이나 잠재력, 혹은 감정을 일깨우는 누군가를 만나 일대 전환점을 맞이하고 성장하고 성공하고 행복해지는 이야기, 어떤 주인공은 나라까지 구하는 이야기. 그러나 실제인 대다수의 사람에게는 잘 일어나지 않는다. 이 고통의 늪에서 제발 누가 여기서 날 꺼내주었으면…… 하고 간절한 순간에 정작 인간은 혼자다. 여기에서 생겨나는 처절한 감정이 '외로움'이다. 사람은 너무 외로우면 화가 난다. 그리고 기다림에 대해 배우게 된다.

경험은 마음 그릇의 크기만큼 담긴다. 그릇이 작은 사람은 내가 못 받았는데 왜 남에게 줘야 하냐고 주지 않을 거라고 강다짐하고 그릇이 큰 사람은 내가 받지 못했기 때문에 남에게 주고 싶다고 소망한다. 그는 진정한 부드러움의 필요성을 절실히 체험한 사람이다. 모든 인간은 나약하다는 사실을 이해하고 공감과 연민으로 대하는 사람이다. 한때는 자신의 손을 잡아주는 이가 없어 아팠으나 이제는 자신이 손을 내밀 수 있어 기쁜 사람이다.

위선이나 가식이 없고 자기애에 빠지지 않은 진정한 부드러움은 겨울의 끄트머리에서 피어나는 꽃을 연상시킨다. 단단하고 딱딱한 나뭇가지 속에서 탄성을 지르며 피어나는 것이 그토록 얇고 보드라운 꽃잎이라니! 나는 봄날의 매화, 산수유, 생강나무, 개나리, 진달래, 벚꽃을 볼 때마다 전율을 느낀다. 단순히 봄이 되어 핀 게 아니다. 바야흐로 꽃들의 이어달리기 대열에서 맨 앞줄에 서는 이른바 봄의 전령사라고 불리는 꽃나무들은 겨울이 오기 전에 지난봄의 경험을 바탕으로 꽃을 언제 피우고 꽃봉오리는 몇 개로 할지 완벽하게 대비해 분화를 마친다. 사력을 다해 꽃눈을 보호하며 춥고 긴 겨울을 인내한다. 그리하여 마침내 봄 햇살이 그들을 간질이면 저마다 기지개를 켜며 탄성을 지른다. 텅 빈 그네들의 탄성으로 든든해지면 봄이다. 이때 꽃눈은 무엇을 느낄까. 우리가 상처에서 딱지가 떨어

질 무렵에 느끼는 간질간질함, 부드러운 새살이 딱딱한 딱지를
들어 올리려고 밑에서 꼼지락거리는 느낌. 이제 곧 새 날이다.

아픔을 겪지 못했다면 나는 봄날의 꽃이 하는 이야기를 듣
지 못했을 것이다. 부드러운 마음을 가지고 싶은 소망도 갖지
못했을 것이다. 아무리 겨울이 혹독해도 반드시 봄은 온다는
믿음이 없었다면 겨울 끝에 곧바로 꽃의 계절이 오지 못했을
것이다.

'상처 입은 치유자wounded healer', 자신이 입은 상처 때문
에 또 다른 상처를 주는 것이 아니라 상처 덕분에 자기 자신과
타인, 세상을 이해할 수 있고 또한 치유할 수 있다. 시작은 자
신의 아픔과 상처를 있는 그대로 보려고 하는 것이다. 다른 누
구를 기다리거나 기대하지 말고 내가 먼저 스스로를 보듬는 것
이다. 그런 의미에서 어려운 시절에 만난 붓다의 이 문구는 두
고두고 위로가 되었다.

"영원한 피난처를 찾지 말고 스스로를 의지하라."

‘스트레스’라는
어휘에 숨은

감정의 실체

4

더 이상 신조어라고 하기 힘든 "쩔어"는 좋을 때, 나쁠 때 모두
쓸 수 있다. "대박"이나 "박박"은 무언가 일이 잘되었을 때 쓰기
도 하나 반대로 형편없이 망했거나 힘들 때도 쓴다. "헐"은 황
당할 때, 맥이 빠질 때도 쓰지만 웃길 때도 쓴다. 요즘의 현상
이 과하기는 해도 한 개의 낱말로 다양한 감정을 휘뚜루마뚜루
표현하기는 늘 있어 왔다. "짜증 나", "미치겠네/미쳤다", "죽인
다/죽이네/죽여준다/죽을 거 같아/죽을래?/죽고 싶어?" 등이
그것이다. 뜻보다 느낌을 알리는 감탄사의 용도로 쓰인다. 기
존의 감탄사로는 자신의 느낌을 알리기에 미흡하다고 여긴 데
서 시작된 게 아닐까 싶다. 새로운 세대에게는 감정 표현에 있

어 기성세대의 것을 답습하고 싶지 않은 욕구가 있다. 그렇다고는 해도 최근 몇 년 새에는 조어라는 특징이 두드러지고 한국어 억양이나 발음이 전반적으로 연성화한 것에 비해 발음이 거세다. 또 분명 감정을 나타내기는 하는데 "좋다", "싫다"를 요란하게 알릴 뿐 나머지는 "(이게) 뭔지 알지?"의 몫이다. 하고 듣는 사이에서 뭔지 알면 거리가 가까워지고 모르면 멀어진다. 그런데 그 뭐가 뭔지 아는가? 서로 정확한 지점을 공유했노라 자신할 수 있는가.

감정, 그중에서도 부정적인 감정과 관련해 대표적인 승자 독식의 어휘라고 할 수 있는 '스트레스'를 예로 들어본다. 다들 스트레스에 대해 알고 자주 느끼지만 막상 뭐가 스트레스냐고 물으면 답하지 못한다.

스트레스란 어떤 자극이 심리적·육체적으로 가해졌을 때 감당하기 힘든 상태, 그로 인해 유발되는 괴로움이다. 스트레스를 받으면 부신피질에서 코르티솔을 생산하고 이것이 교감신경계의 스위치를 켜서 에피네프린(아드레날린) 등의 호르몬을 분비하도록 만들어 온몸에 에너지가 증가한다. 모든 감각기관이 예민해지고 집중력이 높아져 갑작스러운 상황에 기민하게 대처할 수 있도록 돕는다. 급박한 상황에서 오히려 기발한 발상의 전환이 떠오르거나 없던 힘이나 용기가 솟구치는 경험을 해보았을 것이다. 또 분명 스트레스를 받는 상황인데 뒷목이 뻣뻣해지는 느낌이 아니라 뱃속이 간지러운 느낌일 때가 있다. 설렘과는 미묘하게 차이 나는 느낌, 의욕이 채워지는 중이다. 모두 스트레스의 긍정적인 측면이다.

　문제는 괴로움의 정도가 심하거나 빈번해서 스트레스 호르몬에 중독될 때이다. 코르티솔이 과다하게 분비되면 항상성을 유지하기 위해 쾌락을 긴급 처방하라는 신호가 떨어지고 이때 흔히 나타나는 행동이 탄수화물 섭취이다. 탄수화물은 일명 행복 호르몬인 세로토닌의 생산을 증가시키는 화학작용을 한다. 쉽게 말해 만성 스트레스가 되면 탄수화물 과다섭취를 거쳐 비만으로 이어지기 쉽다는 소리다. 또 감정중추의 핵심인 편도체가 강하게 혹은 반복적으로 스트레스 자극을 받으면 둔감해지다 못해 공격적이고 폭력적으로 변할 수 있다. 일명 '아미그달라의 테러'다. 아미그달라amygdala는 편도체를 가리키는 명칭으로 생김새가 아몬드 같다 해서 붙여졌다. 아미그달라의 테러가 일으키는 행위의 결과를 우리는 뉴스 사건·사고 면에서 종종 본다. 이처럼 자신과 타인을 파괴하는 행위로 이어질 수도 있는 스트레스를 어떻게 다뤄야 할까.

　스트레스를 받지 않겠다는 방어적인 자세보다 스트레스를 받더라도 만성 스트레스가 되지 않도록 관리하는 것이 필요하다. 왜냐하면 스트레스를 전혀 받지 않고 살기란 불가능하니까. 일단 스트레스가 정확한 감정을 가리키는 어휘가 아니라는 점을 인지해야겠다. 부정적인 감정 상태를 '스트레스'나 '짜증'이라고 표현하지만 그 둘은 감정을 찌그러트리거나 뭉뚱그려 정확히 어떤 지점을 가리키는지 하는 사람도 듣는 사람도 알지 못한다. 그렇다면 먼저 '진짜 스트레스'와 '진짜 짜증'이 어떤 감정일까.

영어 '스트레스stress'의 어원은 라틴어 '스트링고stringo'의 과거분사형인 '스트릭투스strictus'이다. 'strictus'는 '[1]꽉 죄는, 밀집한, 빽빽한, 조밀한, 좁은, [2]간결한, [3]엄격한, 엄밀한, 빡빡한' 등의 뜻을 가지고 있다. 스트레스를 받는/주는 느낌을 알려주어 흥미롭다. 영어에서 스트레스는 압박감이나 긴장감을 느끼는 상태지만 라틴어에서 스트릭투스는 역경, 고난, 어려움 등을 겪는 상태를 가리킨다.

스트레스를 감각이나 느낌으로 표현하면 단연 '죄다'이다. 본말이 '조이다'이고 센말이 '쪼이다'로 '느슨하거나 헐거운 것을 단단하거나 팽팽하게 하다'이다. 비슷한말로 조르다(동이거나 감은 것을 단단히 죄다), 졸라매다(느슨하지 않도록 단단히 동여매다), 죄어들다(마음이 점점 긴장되다/불안, 초조 따위의 감정이 몸이나 마음에 스며들다), 째다(옷이나 신 따위가 몸이나 발에 조금 작은 듯하다) 등이 있다.

느슨했던 신경이 팽팽해지거나 혹은 매었는데 더 단단하

게 죄는 느낌이라면 스트레스를 받고 있는 상태이다. 이럴 경
우 어떻게 대처해야 할지 사전적 풀이에 이미 나와 있다. 느슨
하게 해주기. 심호흡이나 스트레칭, 명상, 운동, 다른 관심사로
시선을 돌리기 등 긴장된 근육을 이완하는 것이 필요한데 순
서를 반대로 하면 더 효과적이다. 스트레스를 받고 나서가 아
니라 평소에 몸을 부드럽게 풀어주면 스트레스를 받을 때 죄
는 느낌을 훨씬 덜 받을 수 있다. 또 의외로 간과하기 쉬운 것
이 체력저하이다. 정신적으로 별다른 문제가 없더라도 체력이
떨어지면 쉽게 스트레스를 받는다. 이런 경우에는 심호흡이나
스트레칭보다 병원 방문과 영양공급이 우선이다. 여기까지가
진짜 스트레스이다. 진짜 짜증에 대해서는 간략하게 설명할 수
있다. 분노라는 감정에서 약한 세기, 즉 분노의 감정이다.

　그렇지만 우리는 아주 다양한 상황에서 "스트레스를 받는
다"거나 "짜증이 난다"고 두루뭉술하게 표현한다. 이러한 표현
밑에 가라앉은 감정의 실체는 불안, 두려움, 자기비하, 지루함,
적대감, 죄책감, 고단함, 좌절 등이다. 스트레스라고 말할 때 분
노한 것일 수도 있지만 불안하거나 겁먹은 것일 수도 혹은 지
루한 것일 수도 있다. "짜증 나!"라고 말하지만 사실은 자기비
하나 적대감, 죄책감, 고단함, 좌절 등에 타격받은 것일 수 있
다. 이 지점을 찾아내 어휘로 정확하게 표현해야 스트레스를
해소할 수 있는 방법을 찾을 수 있다. 또 언제 어떤 상황에서

유독 심하게 스트레스를 느끼는지 인지해서 미리 자신의 소중한 아미그달라를 보호하는 대책을 세울 수 있다.

우리는 자신이 소중하게 여기는 가치나 대상이 손상되거나 상실했을 때 고통을 느낀다. 똑같은 고통이지만 어떤 사람은 분노를 느끼고 어떤 사람은 슬픔을 느낀다. 분노를 느낀다면 문제를 해결하라는 신호이고 슬픔은 마음을 돌보라는 신호이다. 불안은 점검하고 대비하라는 신호이고 두려움은 스스로를 보호할 수 있는 대책을 마련하라는 신호로 불안이나 두려움을 느낄 때는 주변에 도움을 청하는 것도 필요하다. 지루함은 재미있는 것을 찾으라는 신호이다. 지루함이 깊어지면 혐오가 되고 혐오가 깊어지면 증오가 된다. "싫어!", "미워!"라고 표현하는 대상과 사물들에 대해서이다. 떠날 수 있으면 떠나고 안 볼 수 있으면 안 보는 것이 상책이다. 그러나 현실적으로 그럴 수 없을 때가 훨씬 많다. 그렇다고 무방비 상태로 가만히 있거나 애써 억누르지 말아야 한다. 대신 실제와 상상을 구분하지 못하는 뇌의 기능을 역이용하자. 지루함, 혐오, 불신, 경멸, 증오…… 분명하게 이름표를 붙인 다음 시원하게 'x'를 긋고 나의 안전선 밖으로 멀리 던져버리는 것이다. 있는 힘껏 사랑해야 할 때도 있지만 힘껏 싫어하고 미워해야 할 때도 있다. 감정을 참는 것은 용수철을 누르고 있는 것과 같다. 힘껏 누를수록 더 힘차게 튀어오른다.

　자신이 느끼는 감정이 무엇인지 알고 분명하게 표현하기만 해도 격한 느낌이 누그러질 수 있다. 감정을 억누를 때 우리는 자신의 감정이 올바르지 않거나 비겁하다고 느끼고 이런 느낌이 더 큰 고통을 유발한다. 감정을 날것 그대로 인정하고 어휘로 표현하면 뚝 떼어 객관적으로 볼 수 있다. 감정은 일시적이며 대부분 시간이 지나면 누그러지기에 그때 현실적인 대응을 마련하면 된다. 혹은 감정을 나의 마음 밖으로 던져버리고 더 이상 생각도 반응도 하지 않는 것으로 대응하는 방법도 있다. (내가 애용하는 방법이다.) 이 밖에도 스트레스를 유발하는 다양한 감정들이 있을 것이다. 유독 스트레스나 짜증을 자주, 혹은 쉽게 느낀다면 '바쁘다 바빠' 현대사회의 흔한 고질병 정도로 가벼이 넘기지 말고 그때마다의 감정을 명확하게 짚어주고 표현하자. 거듭 쓰지만 당신의 아미그달라는 소중하다.

분노는
지나가지만

증오는
사라지지 않는다

5

분노라는 감정에서 약한 세기가 짜증이고 강한 세기가 격분이
다. 자신이 상대와 동등하거나 더 강한 힘을 가졌을 때 얘기다.
만약 상대가 자신보다 강한 힘을 가졌다면 짜증이나 분노의 감
정이 아니라 불안이나 두려움, 공포를 느낄 것이다. 그런 감정
을 느끼는 자신에게 수치심을 느낀다. 내 안의 타자가 네가 약
하고 못난 탓이라고 비아냥거린다. 그 입을 다물게 하려고 겁
쟁이들은 자기보다 약한 대상을 찾아 분풀이를 하고 (상급자한
테 분풀이 당한 남편이 아내한테 분풀이하고 아내가 자녀한테 분풀이
하고 아이는 돌멩이라도 걷어차고 하는 식으로) 무력한 자들은 자
신의 분노를 슬픔으로 위장하기 쉽다. 이런 일이 반복되면 자

극에 대한 반응이 A.I. 기기처럼 디폴트 모드가 된다. 올바르게 분노해야 하는 순간에 화풀이 대상을 찾거나 슬픔을 느끼는 것이다.

분노나 슬픔, 두려움…… 감정 자체는 일시적이라 지나가지만 해소되지 못한 원인은 찌꺼기처럼 무의식에 저장된다. 비슷한 상황, 비슷한 대상에 비슷한 방식으로 분노를 억압하는 일이 되풀이되면 사무치게 미워하는 마음, 증오가 된다. 한 번 뿌리 내린 증오는 분노나 두려움과 달리 사라지지 않고 점점 거세게 뻗어나간다. 풀지 못해 한恨이 되고 무기력이 되고 열패감이 된다. 가정적으로, 사회적으로, 국가적으로 대물림된다. 이런 사례가 될 수 있는 몇 편의 이야기를 전하려고 한다. 슬픔, 모멸감, 수치심, 분노…… 이 이야기 속 인물들이 느끼는 진짜 감정이 무엇일지 헤아려보자.

먼저 이혜경의 장편소설 《저녁이 깊다》(문학과지성사, 2014)에 나오는 대목이다.

명문고 교복을 입고 으스대는 내 또래 남학생의 거만한 눈빛이 나를 슬프게 한다. 그 남학생을 보는 여자애들의 눈에 어린 호감이 나를 슬프게 한다. 5분이라도 더 자고 싶은데 새마을교육에 빠지면 안 된다고 딱딱거리는 반장의 목소리가 우리를 슬프게 한다. 통근 버스에 오르자마자 '사원이냐 공원이냐' 따져 묻고 기어이 버스에서 내모는 경비원의 모습이 나를 슬프게 한다.

두 번째 글은 안톤 슈낙의 산문《우리를 슬프게 하는 것들》(문예출판사, 2011)에 나오는 대목이다.

옛 친구를 만났을 때, 학창시절의 친구 집을 방문했을 때, 그것도 이제는 그가 존경받을만한 고관대작, 혹은 부유한 기업주의 몸이 되어, 몽롱하고 우울한 언어를 조종하는 시인밖에 될 수 없었던 나를 보고 손을 내밀기는 하되, 이미 알아보려 하지 않는 듯한 태도를 취할 때. (⋯) 우리의 마음을 슬프게 하는 것이다.

이혜경의 장편소설《저녁이 깊다》는 한국의 1970년대가 배경이고 안톤 슈낙의 산문《우리를 슬프게 하는 것들》은 20세기 초가 배경이다. 둘 다 인간 소외가 본격화된 산업화 시대라는 공통점이 있다. 이로부터 한참 세월이 흐른 2022년이지만 우리는 화자가 '슬픔'이라고 말한 감정에 공감할 수 있다. 정확히는 슬프다고밖에 표현할 수 없는 쓰라린 심정에 공감한다. 여기까지 읽은 이들은 이제 알 것이다. 앞서의 화자들을 슬프게 한 것은 은근한 모욕이다. 따라서 그들이 느낀 감정은 슬픔이라기보다 모멸감이다. 그 감정을 인정하면 더 비참할 거

같아서 자신의 아미그달라를 보호하기 위해 슬픔으로 위장한
다. 그렇게밖에 할 수 없는 이유는 내가 무슨 반응을 해도 결과
를 통제할 수 없다는 무력감 때문이다. 처음에 마음에 일어난
자극은 문제를 해결하라는 신호인 분노였지만 자신의 힘으로
해결할 수가 없다고 여긴다. 위로가 필요하고 마음을 돌보라는
신호인 슬픔으로 바꾼다. 그런데 아무리 위로를 받아도 기분이
영 나아지지 않는다. 잘못한 것이 없고 링에 오른 적도 없는데
K.O. 패를 당한 것 같은 열패감이 존재감을 납작하게 찌그러뜨
린 페트병처럼 만든다.

　'패배감'이 싸움이나 경쟁 등에서 자신이 없어 무력해지는
느낌이거나 진 뒤에 느끼는 절망감 혹은 치욕스러운 감정이라
면 '열패감'은 남보다 못하여 경쟁에서 졌다는 느낌이다. 살다
보면 자신이 없을 때도 있고 싸움이나 경쟁에서 지기도 한다.
그렇지만 내가 남보다 못하다는 생각에 사로잡히면 살아갈 이
유를 찾을 수 없고 방향을 설정하기 힘들다. 무엇보다 자기에
게 다가오는 기쁨이나 즐거움의 기회를 손을 내밀어 잡을 엄두
를 내지 못한다. 남보다 못한지 잘난지는 맞고 틀리는 문제가
아니다. 그러므로 "자신이 남보다 못하다는 생각은 잘못됐다."
라는 말은 성립될 수 없다. 인간을 비롯해 모든 살아 있는 생명
체에게 내가 남보다 못하다/잘났다 등의 감정은 결코 자연스럽
지 않다. 철저히 주입되고 전염된 것으로 허상이다. 이에 대해

이야기하는 세 번째 글은 김영현의 소설집《깊은 강은 멀리 흐른다》(실천문학사, 1990)에 수록된 단편 〈엄마의 발톱〉에 나오는 대목이다.

> 학교는 은연중에 어머니와 같이 볼품없이 가난한 존재를 부끄러워하도록 만들었다. 즉, 학교 교육은 명규와 그 가족들이 부대끼고 있는 가난은 게으름과 무지의 탓이라고 가르쳐주었는데, 그것이 그대로 어머니에게 통하는 이야기였다. 사실을 이야기하자면, 새벽부터 밤까지 일에 시달리는 어머니만큼 부지런한 사람도 없었지만 말이다.

볼품없이 가난한 부모를 부끄럽게 여긴다면 가난해서 부끄러운 게 아니다. 게으르고 무지해서, 즉 못나서 부끄러워하는 것이다. 가난하다=못났다 식의 낙인이 통용되는 사회라면 반대도 통할 것이다. 부자다=잘났다. 부를 과시한다면 가진 돈을 뽐내고 싶어서가 아니다. 자신의 잘난 존재감을 드러내 합당한 특별대우를 받고 싶어서이다. 자신의 잘남이 가짜일지 모른다는 불안으로 과시적인 소비행위가 가속 페달을 밟는다. 그러나 가난하다=못났다, 부자다=잘났다 식의 공식이 통용되는 건 사회가 공정할 때 한정이다. 이제 우리는 기울어진 운동장에서 뛰고 있다는 사실을 알고 있다. 성공이나 실패, 부와 가난이 살아온 결과 값이 될 수 없으며 개인의 영광이나 책임으로 돌릴 수 없다. 이런 사회적 배경을 알고 볼품없이 가난한 부모를 바라보면 당신이 살아온 인생이 눈물겹다.

반면에 무기력으로 이어질 수도 있다. 할 수 있는 게 없다면서 동력을 잃어버리는 것이다. 네 번째 글은 베르톨트 브레히트의 산문 〈무기력한 소년〉이다. (국내에서는 《생각이 실종된 어느 날》(이후, 2017)에 수록됐다.)

멍하니 앞만 보며 울고 있는 소년에게 길을 가던 남자가 무엇 때문에 그러는지 이유를 물었어.

'영화를 보러 가려고 은화 두 개를 모았어요. 그런데 저 아이가 와서 하나를 빼앗아 갔어요.'

소년은 이렇게 말하며 좀 떨어진 곳에 서 있는 어떤 아이를 가리켰지.

'도와달라고 외치지 그랬니?'

남자가 물었어.

'소리 질렀어요.'

소년은 이렇게 대답하며 더 서럽게 울었어.

'아무도 듣지 못했어?'

남자가 다정하게 소년의 머리를 쓰다듬으며 물었지.

'아뇨.'

소년은 훌쩍였어.

'더 크게 외칠 수는 없었니?'

남자가 물었어.

'그렇게는 못 해요.'

소년은 이렇게 답하며 혹시 하는 희망에 부풀어 남자의 얼굴을 올려다보았어. 남자가 미소를 지었기 때문이야.

어떤 결말을 상상하는가? 남자가 소년의 억울함을 풀어주고 은화 한 개를 찾아주었다면 좋았을 것이다. 힘센 어른과 힘없는 소년이니까. 그런데 브레히트는 독자와 관객들 머리에서 '환상'을 지워내기 위해 글을 쓴 작가였다. 결말은 이러하다.

'그럼 남은 은화도 내놓으렴.'

남자는 소년의 손에서 남은 은화마저 채어 가지고는 유유히 그 자리에서 사라졌어.

소년은 자기 것을 빼앗겼으면서 우는 것 말고 아무것도 하지 않았다. 자기보다 힘센 타인이 자신의 문제를 해결해주기를 바랐다. 거기에 희망을 품었다. 나는 이 산문의 제목을 오래도록 곱씹었다. '무기력'한 소년. 무기력은 '어떠한 일을 감당할 수 있는 기운과 힘이 없음'이다. 남자가 유유히 사라지고 나서 소년은 어떻게 행동했을까. 울기만 했을 것이다. 슬프다고 했을 것이다. 어른이 돼서 같은 일을 당하면 어떻게 행동할까? 묵묵히 집에 돌아와 아무 일도 없었던 것처럼 지낼 것이다. 자신의 아픔이나 분노에 대해서 누구에게도 털어놓지 못할 것이다. 그랬을 때 가진 것마저 빼앗기고 당한 기억이 있으니까.

브레히트의 짧은 산문에서 어른은 나보다 강한 힘을 가진 타인, 집단, 사회, 국가 등을 상징한다. 이런 이야기를 지은 의도는 부당한 일을 당하고 속으로만 삭이는 태도가 얼마나 어리석은지 알리기 위해서였다. 그러다간 최후의 것마저 빼앗길 수 있다고 경고한다. 최후의 것이란 '자기 자신'이다. 무기력의 징후에 대해서도 소개하고 있다. 우는 것 말고 아무것도 하지 않는 것, 타인이 해결해주기를 기대하는 것, 행동하지 않으면서 희망을 품는 것…….

브레히트는 독일인으로 1, 2차 세계대전의 소용돌이 속에 있었고 공산주의자로 나치정권을 살아내야 했다. 분명 그가 겪은 부당함은 이 시대에 우리가 겪는 부당함보다 훨씬 폭력적이었을 것이다. 그러나 근본적으로 같을 수 있다. 권력이나 무력, 지위, 관계, 돈 등을 앞세워 한 사람에게서 인간으로서의 존엄성을 훼손하는 일, 바로 '모욕'이다. 거대 담론처럼 느껴질 수 있으나 모욕을 받을 위험은 구석구석 산재한다.

10년 전쯤 쫄딱 망해서 집을 구하러 다닌 적이 있었다. 부동산 중개인의 소개로 몇 군데 집을 둘러보는데 흡사 무허가 건축물 같은 외관에 이런 집도 돈 받고 빌려주나 싶을 정도였다. 내가 다른 집 없냐고 물으니 그가 툭 내뱉은 말 "그러니까 누가 돈이 그것밖에 없으래요?" 내 머릿속 생각을 갈고리로 콕 찍어서 끄집어내는 말에 눈알이 양쪽 다 튀어나오는 줄 알았다. 지독한 수치심을 느꼈고 분노했지만 표출하지 못했다. 나는 잘못한 게 없었다. 게으르지도 무지하지도 않았다. 그런데 돈이 그것밖에 없었다. 누군가와 통화하면서 나에게 들으라는 듯 "요즘처럼 전세가가 높으면 금방 부자 되겠어."라며 희희낙락해하던 말소리는 비참했다. "삶이 이대로라면 복수할 수밖에." 나는 로트렉처럼 복수를 다짐했고 동시에 그가 인정머리 없는 수준만큼 처절한 가난뱅이가 되기를 저주했다.

지난 몇 해 동안 가장 많이 들리는 낱말이 '공정'이다. 기울어진 운동장을 바로 잡고 싶은 염원이 그만큼 크다는 뜻일 게다. 그러면 더 나은 사회가 될까. 아비샤이 마갈릿의 《품위 있는 사회》(2008, 동녘)에는 이런 구절이 나온다.

구성원들이 자기가 모욕당했다고 간주할만한 이유가 있는 조건에 맞서 싸우는 사회, 또는 그럴만한 이유를 제공하지 않는 사회. 이상적 사회를 실현하기 위해 정의보다 더욱 시급할 뿐 아니라 보다 현실적이고 성취 가능한 아이디얼이다.

　자신을 분노하게 만드는 요인을 인지해서 파악하고 해결하는 것은 중요하다. 그러나 분노를 슬픔으로밖에 나타낼 수 없는 마음, 그러다 결국 무기력해지고 마는 마음을 헤아리는 인간으로서의 품위가 더 절실하다. 아직까지 우리 사회는 모욕에 대한 감성(자극이나 자극의 변화를 느끼는 성질)이 부족하다. 모욕이야말로 분노와 적개심의 뇌관이 될 수 있다는 사실을 인지하지 못한다. 심지어 허물없이 모욕을 주고받는 행위가 친밀함의 표시라는 착각에 빠진 이들도 적지 않다. 절대 그럴 수 없다. 사회적 관계뿐 아니라 부부, 부모-자식, 고부 간 등 대부분 갈등의 원인도 알고 보면 모욕에 있다. "모욕을 느꼈습니다."라고 표현하면 "뭐 그 정도를 모욕이라고 느끼느냐.", "자존감이 너무 낮은 거 아니냐.", "혼자 유별나다." 등 2차 가해를 날리면서 너의 잘못, 너의 부족, 너의 탓으로 돌리는 시선이 팽배하다. 그렇게 하는 게 가장 쉽기 때문이다. 늘 쉬운 방법만 택하는 이들에 둘러싸여 아무도 알아주지 않는 마음을 가졌다면 기꺼이 앙리 드 툴루즈 로트렉의 방식을 추천한다.

　　"삶이 이대로라면 복수할 수밖에."

　슬픔이나 무기력은 마이너스의 힘이지만 복수의 힘은 플러스의 힘이 될 수 있다. 복수를 꿈꾸며 일어서는 것이 슬픔의 늪에 빠지기보다 차라리 이롭다. 분노는 마땅히 존중받아야 할 것이 존중받지 못했다는 정당한 신호다. 분노에 대해 부정적인 선입견을 가지고 있다면 분노를 표현하거나 해결하는 방식이 틀린 사례를 많이 목격했기 때문일 것이다. 화가 화를 부른다. 아무리 상대에게 잘못이 있다 해도 폭력적이거나 파괴적인 방식으로 분노를 표출하면 상대의 분노를 자극할 뿐이다. 잘못을 인정하거나 반성하기는커녕 도리어 화를 내는 상대를 보면 '적반하장도 유분수지!' 싶어져 애초의 분노가 몇 배로 불어나고 폭발해 이성을 잃는 지경에 이른다.

모든 감정은 정당하고 옳고 그름이 없지만 표현하거나 해결하는 방식에는 옳고 그름이 있고 책임이 따른다. 참고로 몽마르트르의 화가 로트렉이 복수의 무기로 든 것은 붓과 물감, 그리고 캔버스였다. 그것으로 다른 예술가들처럼 현실에서 도피해 자기만의 세상을 창조하는 대신 현실 속에 자기를 내던지는 방식을 택했다.

모욕에 대한
감성이 ⟩

⟨ 부족하면
생기는 일

모욕에 대한 감성이 부족하면 모욕을 받고도 모욕인 줄 모르거나 모욕을 주고도 모욕인 줄 모른다. '감성'은 자극이나 자극의 변화를 느끼는 성질이고 '감수성'은 외부 세계의 자극을 받아들이고 느끼는 성질이다. 비슷한 뜻이지만 감성에 대해서는 '풍부하다', 감수성에 대해서는 '예민하다'라고 말맛의 차이를 둔다.

우리말에는 모욕과 관련한 어휘가 다양하다. 지금까지도 모욕과 관련해 여러 어휘를 썼는데 이참에 정리하며 구체적으로 짚어보고자 한다.

'모욕'은 '깔보고 욕되게 함'이다. 모욕죄는 형법 제33장

명예에 관한 죄 제311조에 명시돼 있다. "공연히 사람을 모욕한 죄는 1년 이하의 징역이나 금고 또는 200만 원 이하의 벌금에 처한다."(형법 제307조의 명예훼손죄와 다르다.) 심한 욕설이나 비하, 그에 준하는 비언어적 표현 등이 모욕에 해당하는데 최근에 부하 직원에게 '확찐자'라고 한 공무원이 대법원에서 모욕죄 확정 판결을 받고 벌금 100만 원을 선고받은 사례가 있다. '확찐자'는 코로나19 검사에서 확진을 받은 '확진자'를 이용한 말장난으로 외부활동을 자제함에 따라 평소보다 체중이 불어난 사람을 가리킨다. 또 회사동료끼리 싸우다가 "자기 잘못을 모른다. 네가 최순실이냐."고 말했다가 1심에서 150만 원을 선고받은 사례도 있는데 최순실이라는 명사가 상대방의 사회적 평가를 저하하는 표현이라는 판결이었다. 그 밖에 '한남충', '메갈리아' 등과 같은 발언도 벌금을 선고받았다. 판결문을 통해 대한민국 법정이 모욕이라고 판단하는 기준을 짐작할 수 있다. "한남충의 충은 벌레라는 뜻으로 부정적인 의미가 강하다. 이는 피해자의 가치에 대한 사회적 평가를 저하시킬만한 것에 해당한다." "메갈리아나 워마드 등 표현은 여성을 폄하, 경멸하는 단어이다. 여성을 상대로 경멸감이나 수치심을 유발할 수 있는 단어를 게시했다." 즉 누군가의 사회적 평가를 저하하는 표현, 경멸감이나 수치심을 유발하는 말에 대해서 모욕죄를 물을 수 있다.

그러나 우리가 겪는 대부분의 모욕은 법정에서 시비를 가리기에는 증거가 뚜렷하지 않게 노골적이지 않고 은근하다. 내놓고 깔보거나 욕되게 하는 말은 아닌데 머리가 띵해지면서 얼굴이 달아오르거나 배가 딱딱하게 뭉치고 손이 굳어 떨린다. 누가 쳐다보고 있을까 봐 옆으로 눈을 돌리지 못하겠고 아주 작아져서 어느 구멍에 빨려 들어가고 싶은 심정이 들기도 한다.

모욕에 대한 감성이 부족한 상태에서는 자신의 그런 느낌이 설마 모욕 때문인 줄 알아차리지 못하거나 감성이 충분하더라도 인정하기 쉽지 않다. 모욕을 인정하면 수치심이 이는데 사전적 풀이는 '다른 사람들을 볼 낯이 없거나 스스로 떳떳하지 못함, 또는 그런 일'이라고 순화돼 있지만 공포와 혐오의 이중감정이다. 밖을 향해서는 공포가 안을 향해서는 혐오가 동시에 일어나는 수치심은 인간이 자신의 마음에 결코 들이고 싶지 않은 극한 감정이다. 무엇이 사람의 마음을 기어이 그렇게 만들고 마는가.

앞서 '모욕'은 '깔보고 욕되게 함'이라고 했다. 비슷한 어휘가 여럿으로 '멸시: 업신여기거나 하찮게 여겨 깔봄', '경멸: 깔보아 업신여김', '무시: 사람을 깔보거나 업신여김', '비웃다: 어떤 사람 또는 그의 행동을 터무니없거나 어처구니없다고 여겨 얕잡거나 업신여기다 또는 그런 태도로 웃다', '조롱하다: 비웃거나 깔보면서 놀리다', '조소하다: 흉을 보듯이 빈정거리거나 업신여기다 또는 그렇게 웃다' 등이 있다. 나타내는 뜻이 거의 비슷하며 심지어 같은 어휘가 반복적으로 들어 있다. 바로 '업신여기다', '깔보다'이다. 실타래를 풀 듯 뜻풀이를 따라가보자.

'업신여기다'는 '교만한 마음에서 남을 낮추어 보거나 하찮게 여기다'이다. '깔보다'는 '얕잡아보다'이다. '얕보다'는 '실제보다 낮추어 깔보다'이고 '얕잡다'는 '남의 재주나 능력 따위를 실제보다 낮추어 보아 하찮게 대하다'이다. 공통점을 발견했는가. '실제보다' 낮추어본다. 핵심은 '실제보다'에 있다. 한마디로 사실이 아니라는 소리다. 자신이 우위에 있다는 착각에서 나오는 말이나 행위 등이 모욕이다. 왜 이런 착각이 생기는가? 이 역시 뜻풀이에 있다. '교만해서'.

'교만하다'는 '잘난 체하며 뽐내고 건방지다'이고 '오만하다'는 '태도나 행동이 건방지거나 거만하다'이다. '건방지다'는 '잘난 체하거나 남을 낮추어 보듯이 행동하는 데가 있다'이고 '거만하다'는 '잘난 체하며 남을 업신여기는 데가 있다'이다. 비슷한 어휘인 '도도하다'는 '잘난 체하여 주제넘게 거만하다'이다. 역시나 같은 어휘가 되풀이된다. '잘난 체하다.'

잘났으면 잘난 거지 잘난 체할 필요가 없으므로 잘난 체한다는 건 잘나지 않았다는 소리가 된다. 문득 국어사전에서 무엇을 잘났다라고 하는지 궁금해서 찾아보았다.

잘나다

1. (사람됨이) 남보다 똑똑하고 뛰어난 데가 있다.

2. (생김새가) 남보다 빼어나서 썩 좋아 보이다. 잘생기다.

잘나가다

**성공을 이루거나 능력을 발휘하거나 하며
계속 순조롭게 되어가다.**

 정리하면 멸시, 경멸, 무시, 비웃음, 업신여김, 깔봄, 얕잡아봄 등을 비롯해 모욕이란 잘나지 못해서 잘난 체하느라 타인을 실제보다 낮추어보는 착각에서 하는 눈빛, 표정, 말(투), 몸짓 등이다. 여기에 이르니 모욕은 굉장히 모자라는 마음이다. 그들의 착각은 그들의 것이다. 내 감정이 전염돼서 내가 나를 낮추어보는 착각은 하지 말자. 그들이 착각하는 나에 대해 해명하거나 변호할 필요도 없다. 그들의 생각이나 감정은 그들의 것이므로 내가 바라는 대로 통제할 수 없다. BTS의 〈MIC Drop〉에 나오는 가사처럼 "Haters gon' hate, Players gon' play, Live a life, man."이라고 선을 긋고 돌아서서 존 번연의 《천로역정》에 나오는 크리스천처럼 세 번 펄쩍! 펄쩍! 펄쩍!

뛴 다음에 노래 부르며 내 갈 길을 가면 되겠다. 이러니저러니 해도 결국은 내가 간 길이 내가 그들에게 하는 답이 된다. 말이 아니라.

모욕을 당한다고 자신의 본질이나 실력이 깎이지 않고 추켜세운다고 올라가지 않는다. 나는 그대로 나이다. 기분만 날씨처럼 나빴다가 좋았다가 할 뿐이다. 그리고 그 기분은 곧 지나간다. (보름이 넘도록 지나가지 않으면 전문의의 상담과 처방이 필요하다.) 한동안 모욕이라는 감정을 못 느끼다가 몇 해 전, 오랜만에 느껴본 적 있었다. 걱정해주는 척하면서 부러움을 사고 싶어 하는, 군이 나한테까지 안 해도 세상에 쎈 방식의 모욕이었다. 이때 나도 모르게 즉각적으로 튀어나온 반응은 '냉소'였다. 냉소는 당신에게 기대하는 게 없다는 마음의 발현이자 또 다른 분노의 형태이다. '사람이 얼마나 무식하면 세상에 잘난 이들이 얼마나 많은지 모르고 제가 잘났다고 저럴까. 부끄럽게?'라고 생각만 하고 질문했다. "책 읽는 거 좋아해요?" 무슨 답을 들었을지 당신의 상상에 맡긴다.

마음의 눈이 저만 쳐다보고 있어서 다양한 삶과 인간군상을 (간접)경험하고 깨치지 못하면 지능지수IQ와 관계없이 감성지수EQ가 떨어질 수밖에 없다. 수렁에 빠졌을 때 위에서 잡아 올리는 힘과 아래에서 끌어내리는 힘, 어느 쪽이 쎌까. '잘난 체'라는 수렁에 빠져 타인의 감정을 끌어내리는 이의 손을 잡지 말라. 특히 예민한 사람은 방어하는 데 지나치게 기운이 빠져서 본인도 수렁에 빠지고 만다. 무시하고 그 수렁을 폴짝 뛰어넘자. 이때의 '무시하다'는 '사람을 깔보거나 업신여기다'가 아니라 '사물의 존재 의의나 가치를 알아주지 아니하다'이다. 그의 잘난 체를 알아주지 말자. 태양이 지구 주위를 돌고 있다고 믿는 그의 곁을 무심하게 지나치라.

(누구나

('욱!' 한방은
가지고 산다

7

왼쪽 어깨 인대가 파열돼 한동안 고생했다. 누가 갑자기 뒤에서 팔을 잡아당겼는데 한순간에 그리 되고 말았다. 처음에는 내 어깨가 이렇게까지 아플 수 있다는 사실을 믿을 수 없어 바로 병원에 가지 않았다. 결국 움직이기 힘든 지경에 이르러서야 병원에 갔다. 몇 가지 검사를 마치고 의사가 고무 덩어리와 천 조각을 번갈아 들어 보이며 설명했다. "(손바닥만 한 고무 덩어리를 들어 보이며) 원래 사람 근육이 이렇거든요? 그런데 환자분 어깨 근육은……."(천 조각을 들어 양손으로 잡아 늘리지만 전혀 늘어나지 않고 그대로다.) "이런 상태예요. 이걸 '근섬유화'라고 해요."(나는 폴리에스테르라면 늘어날 텐데라고 생각한다. 의사의 설명은 끝나지 않는다.) "이렇게 딱딱하게 굳어 있으면 어떻게 되겠어요? 작은 충격만 받아도 툭 끊어지는 거예요. 이게 환자분 어깨 통증의 원인입니다. 아마 오랜 세월에 걸쳐서 섬유화가 진행됐을 거예요. 최소 10년쯤?" 나는 10년이 아니라 20년도 넘었을 거라고 말한다. 의사가 묻는다. "어떻게 해야 되겠어요?" (나는 고무를 쳐다보며 딱딱하다의 반대말을 떠올린다.) "말랑말랑하게요." "인대 치료가 끝나면 지속적으로 딱딱해진 어깨 근육을 부드럽게 만들어줘야 합니다." "어떻게요?" "스트레칭도 하고 근육운동도 하고요. 그래서 근육이 인대가 더 손상되지 않도록 보호하도록 만들어줘야 해요. 운동법도 가르쳐드릴 거예요." "바로요?" "아니요. 일단 인대치료부터 하시고요. 지금 상태에서는 많이 안 움직이시는 게 좋아요."

지난 수년간 크고 작은 부상이 잇달아 치료를 받는 동안 꽤 많은 걸 배웠다. 특히 앞서의 문진은 다친 어깨를 다친 마음으로 넣어도 뜻이 통할 것이다. 어쩌다 이토록 뻣뻣해지고 딱딱해지고 굳었을까. 의사들은 말한다. 만성피로와 스트레스, 잘못된 자세. 물론 직설화법을 구사하는 의사는 이렇게도 표현한다. 노화현상. 그로 인해 유연하지 못하고 뻣뻣하거나 딱딱하거나 굳어 있으면 자극 대비 부상이나 상처가 크다.

최근의 한국사회는 모욕을 받는 것에 대단히 예민하다. "날

무시하느냐."며 욱하고 격분하는 사례가 흔하다. 쉽게 모욕을 주는 사회도 위험하지만 쉽게 모욕감을 느끼는 마음도 못지않게 아슬아슬하다. 걸핏하면 욱하는 것이다. "왜 이렇게 화를 내세요? 이게 그렇게까지 화를 낼 일은 아닌 것 같은데요."라며 해결할 수 있다는 제스처를 취하면 팽팽했던 고무풍선에서 바람이 푸쉬식 빠지듯 "아니 그게……." 어쩌고 하다가 무렴한지 "내가 좀 성격이 다혈질이라서……."라고 변명 아닌 변명을 한다.

'목소리 큰 사람이 이긴다'는 인식이 팽배한 사회적 분위기 탓도 있지만 자기가 다혈질이라고 말하는 사람이 꽤 많다. '다혈질: 감정의 움직임이 빨라서 자극에 민감하고 곧 흥분되나 오래가지 아니하며, 성급하고 인내심이 부족한 기질.' 이렇게 사전적 풀이를 풀어놓고 보니 우리가 그토록 싫어하는 이 낱말과 비슷하지 않은가? 한국인을 비하하는 표현으로 자주 거론되는 '냄비근성'.

뜻풀이가 이러하다. 어떤 일에 금방 흥분하다가도 금세 가라앉는 성질을 냄비가 빨리 끓고 빨리 식는 모습에 비유하여 이르는 말. 다혈질이라고 한다면 냄비근성을 인정하는 셈이다. 그러나 속지 말자. 한국인의 특성은 은근과 끈기이며 정 많고 염치를 알고 예의바르며 단결력이 대단하고 세력에 짓밟혀도 결코 쉽게 굴복하지 않는다. 수천 년 이어 내려온 한국인의 DNA가 수십 년 만에 바뀌었을 리 없다. 냄비근성은 일본제국주의가 조선인을 자기비하에 빠지게 만들려고 조작한 말이다. 젊은 층에게는 '주작'이라고 하면 더 와닿을 수도 있겠다.

욱! 없는 사람이 어디 있겠는가. 누구나 속내에 한방의 '욱!'을 가지고 산다. 그렇지만 자극을 받는 즉시 힘껏 눌린 스프링이 튀어오르는 것처럼 실제로 '욱!' 한다면 스트레스에 민감해진 상태라고 볼 수 있다.

한국은 전쟁 후 고도로 압축된 성장기를 통과하느라 개인이 사회에서 소외되는 현상이 다른 국가보다 유독 심했다. 1960년대 이래로 깃발이 주인공이고 사람이 수인공이 이니었다. 마치 돈만 버느라 "오늘 하루를 보내면서 기분은 어땠니?" 같은 관심은 받아본 적 없는데 조금만 잘못하거나 기대에 부응하는 결과를 내놓지 못하면 혹독하게 체벌하고 이거는 이렇게 해라 저거는 저렇게 해라 일일이 간섭하고 지시하고 명령하고 성적을 올리지 못하면 용돈을 깎겠다거나 밥을 안 주겠다는 둥 협박을 하고 허구한 날 부부싸움 하는 부모 밑에서 불안정하게 성장한 아이 같다. 실제로 이러한 가정환경에서 성장하면 자극에 대한 반응이 빠르고 격렬하며 문제를 발생시킨 원인이 사라져도 쉽게 진정하지 못하는 경향이 있다고 한다. 어째 앞서 언급한 다혈질의 원인 같지 않은가.

가장 큰 불행은 욕하면서 닮는 것에 있다. 이를 '내적투사'라 하는데 자기 안의 그림자를 다른 사람에게 뒤집어씌우는 것이다. 일종의 자아방어기제로 부모 등 다른 사람에게 받은 비난이나 태도 등을 무의식적으로 다른 사람에게 유사하게 행한다.

국가권력과 국민도 욕하면서 닮는다. 그러나 욕하면서 닮는다는 말은 저주가 아니라 그럴 소지가 크니 더욱 조심하고 더 노력해야 한다는 경계의 말이리라.

속도와 결과를 중시하는 사회에서는 능률을 높이기 위해 매사를 이분법적으로 사고하고 판단한다. 옳다 vs 그르다, 좋다 vs 나쁘다 구별하고 더 나아가 차별하는 방식은 에너지의 소모를 줄일 수 있기 때문에 뇌가 편하다. 매 순간 새롭게 관찰하고 느끼고 생각하고 판단하는 수고를 줄이니 얼마나 편하겠는가. 누워 있을 때 몸이 제일 편한 것처럼 말이다. 종국엔 척 보면 알 수 있다거나 안 봐도 안다고 큰소리치기에 이른다. 사고가 뻣뻣하고 딱딱하고 굳어 가는 증세이다. 근섬유화와 마찬가지로 사소한 자극에도 크게 반응한다. 바로 '분노'이다. 노인이 되면 노여움이 많아진다는 말은 이러한 원리와 연관이 있다. 여기서 노인이란 육체의 나이와 상관없이 사고의 나이가 들어 늙은 사람이다.

심리학자 앨버트 앨리스는 분노의 감정을 잘 느끼는 사람에게 독특한 심리적 특성이 있다고 지적한다. 삶에 있어서 옳고 그름을 몹시 중요하게 여겨서 이분법적으로 절대적인 정의를 내리는 경향이 있으며 자기가 만든 계율을 다른 사람에게 적용할 경우 분노에 휩싸일 가능성이 높다는 것이다. 계율이 정교할수록, 타인에게 엄격하게 부과할수록 다른 사람의 삶에 깊숙이 개입할수록 분노할 일이 많아진다.

　자신이 옳다거나 아름답다거나 선하다거나 절대적이라고 믿는 것을 두고 상대가 의미 없고 별것 아니라는 식으로 시큰둥하게 반응할 수 있다. 심지어 틀렸다거나 추하다거나 사라져야 한다는 식으로 부정적인 반응을 보일 수도 있다. 사고가 유연하다면 "아, 당신은 그렇게 생각하는군요.", "혹시 이유를 물어봐도 될까요?" 하는 식으로 반응할 것이다. 대화를 통해 자신의 생각을 수정하고 발전시켜나갈 것이다. 굳이 그럴 필요가 없더라도 자신과 다른 생각이 존재한다는 사실을 경험하는 일은 무척 중요하다.

　사람에게는 저마다 "나는 이런 사람이야." 하는 자아 이미지가 있고 말과 행동을 그 이미지에 일치시키려 하거나 지금껏 남에게 보인 모습과 모순되지 않게 행동해야 마음이 편한데 이를 '자아일관성의 원리Self-consistency'라고 한다. 그러나 생명의 특성이자 장점은 일관성이 아니라 변화이다. 일관성은 자연스럽고 당연한 게 아니라 오히려 억지스럽다. 그 일관성이라는 것의 정체가 무엇인가.

　신념이 있는 사람은 왠지 모르게 위대해 보이지만 그 사람은 자신의 과거 의견을 계속 가지고 있을 뿐 그 시점부터 정신 또한 멈춰 버린 사람에 불과하다. 결국 정신의 태만이 신념을 만들고 있는 셈이다. 아무리 옳은 듯 보이는 의견이나 주장도 끊임없이 신진대사를 반복하고, 시대의 변화 속에서 사고를 수정하여 다시 만들지 않으면 안된다.

— 프리드리히 니체, 《니체의 말》(시라토리 하루히코, 삼호미디어)

일관성을 자신에게나 타인에게 끼워 맞추려고 하면 무리가 생긴다. 여기에 자신의 가치관, 신념, 판단 따위와 부합하는 정보에만 주목하고 그 외의 정보는 무시하는 '확증편향 Confirmation bias'에 사로잡히면 자기는 항상 옳고 다른 사람들은 틀렸다는, 그야말로 틀린 생각이 점점 확고해질 수밖에 없다. 사람들이나 세상이 나를 무시하고 부정하는 것 같아 화가 난다. 실제로 충동조절장애 환자들 대부분 '무시당했다'는 기분에 사로잡혀 쉽게 분노하는 감정을 조절하지 못한다고 한다. 처음에는 날아드는 화살이나 칼을 막는 방패였지만 방패를 버리고 총을 빼든다. 그 시시한 총으로 예쁜 나비를 쏜다. 날이 갈수록 뻣뻣해진다. 승모근도 뒷목도 생각도 감정도…….

자신이 옳고 선하고 아름답고 절대적이라고 믿는 것이 다른 사람에게 별것 아닐 수 있다거나 심지어 조롱당하고 부정당할 수 있다는 사실은 씁쓸하다. 받아들이기 쉽지 않다. 그렇지만 한편으로 생각하면 나의 생각과 감정에 상대가 동의하지 않는다거나 동감을 표하지 않는다고 분노하는 것은 (다시 언급하지만 짜증도 분노의 감정이다) 차이를 인정하지 않고 무조건 나에게 동조하도록 상대를 통제하고 강요하는 것이다. 이 또한 폭력이다. 예의를 벗어나는 비난이나 무분별한 비판이라면 단호하게 지적하고 불쾌함을 표시해야겠지만 그게 아니라면 귀담아 듣자. 경직된 사고방식을 유연하게 하는 데 보탬이 된다. 당황할 수는 있어도 분노할 일이 아니다.

자신은 항상 옳고 다른 사람들은 틀렸다는, 틀린 생각을 가지면 분노할 일이 많을 수밖에 없다. 그 탓에 본의 아니게 타인에게 분노유발자가 될 공산이 크다.

틀릴 수도 있다. 잘못할 수도 있다. 내가 도대체 뭐라고 완전무결할 수 있을까. 불가능하다. 대신 내가 틀리거나 잘못하거나 부족한 부분을 누군가 바로 잡고 채울 수 있도록 곁을 내주어야 한다. 중대한 재앙은 그런 충고나 조언을 받아들이지 못해 틀리거나 잘못한 부분을 인정하지 못했을 때 일어난다. 자신에게 아무리 소중하고 중요한 것이라도 고집하지 말고 강요하지 말자. 꼭 알리고 싶고 그래서 함께 그 길을 가고 싶다면 설득하고 유혹하자. 동시에 누군가 틀리거나 잘못한 것에 대해 사과하고 수정했을 때 기꺼이 용서하고 축하해주는 사회적 분위기도 필요하다.

관점을
이동시키면

생각의 그릇이
넓어진다

8

박물관에서 고생대의 암석을 본 적 있다. 고생대는 5억 8천만 년 전에서 2억 2천5백만 년 전 사이의 지질시대를 가리킨다. 너무나도 까마득해서 실제로 있었는지 없었는지 믿기조차 힘든 그 시대부터 있었다고 하니 처음에 말만 들었을 땐 경이로웠다. 그런데 실제로 보면 산이나 공원에서 흔히 볼 수 있는 바위와 다르지 않다. 역설적이게도 그 후에 바위나 돌을 보면 머나먼 고생대부터 존재했을지 모른다는 생각이 들어 가만히 눈을 맞추거나 손바닥을 대어보고는 했다. 그러면 이상할 정도로 마음이 평안해졌다. 바위나 돌뿐 아니다. 잠을 어지럽히는 분노나 걱정거리가 생기면 신발 끈을 묶고 뒷산에 오르는데 흙의 위안을 받기 위해서다. 흙은 지구의 표면을 덮고 있는 바위가 부스러져 생긴 가루이다. 바위가 흙이 되기까지 수억 년간의 세월을 상상해보라. 부서지고, 부서지고, 또 부서지고……그렇게 부서졌는데도 흙은 끝이 아니라 시작이 되어 씨앗을 품어 꽃을 피워내고 우리의 피가 되고 살이 되어줄 그 많은 곡식과 열매를 길러낸다.

분노나 불안이 감정을 압도할 때 거대한 자연이나 위대한 예술을 찾아 그 안에 깃들이면 안정감을 찾을 수 있다. 아주 오래 산, 나무와 돌, 우주의 별을 바라보면 내 머리를 쓰다듬고 어깨를 토닥이는 숨결을 느낄 수 있다. 그 앞에 자신의 분노나 걱정거리 등을 내려놓으면 사소하게 만들어 날려버릴 수 있는 힘을 준다. 관점이 자신보다 더 크고 높은 것으로 이동함으로써 생각의 그릇이 넓어졌기 때문이다.

내가 겪고 있는 이 고통은 내가 처음 겪는 것도 아니고 나 혼자 겪는 것도 아니다. 그래도 묵묵하고 담담하며 고요하게 자신의 자리를 지켰다. '큰나무'를 찾아가 그 아래 머물러 서 있는 것도 좋다. 여기서 큰나무란 큰 나무가 아니라 짧게는 수령이 2~3백 년에서 길게는 1천5백 년 된 나무처럼 수령이 오랜 나무를 가리킨다. 그가 견뎌온 햇살과 폭풍우와 가뭄, 추위의 나날들을 그려보라. 그럴 수 있기까지 얼마나 깊게 뿌리를 내리고 온힘을 다해 대지를 붙들었을지 그려보자. 큰나무에는 힘이 있다. 나에게는 살아야 하나 말아야 하나, 앞으로 어떻게 살아야 하나, 싶을 정도로 심각하고 무거운 일이 큰나무한테는 먼지 같고 티끌 같아서 빗자루로 쓱쓱 쓸어 내버리는 것 같은 의연함을 보여준다. 세상사나 인간사, 그리고 나에 대해 무엇도 판단하지 않고 다 끌어 안아준다. 그 품에서 어쩌면 어느 날 내가 그랬던 것처럼 당신도 한바탕 눈물을 쏟을지 모르겠다.

더불어 예술의 힘에 대해서는 소설가 마르셀 프루스트가 했던 이 말이 크게 와닿았기에 그의 말을 전하는 것으로 마무리하려 한다.

문화예술 작품을 자주 접하는 것이 필요한 이유는 다른 사람을 이해할 수 있는 눈이 생기기 때문이다. 단지 예술에 의해서만 우리는 우리 자신의 외부에서 벗어날 수 있고, 다른 사람들이 이 우주에서 무엇을 보고 있는지를 알게 된다. 물론 그들의 우주는 우리 것과는 다르고, 그 풍경은 달의 풍경만큼이나 우리에게 알려지지 않은 채로 있었던 것이다. 예술 때문에 자신만의 세계를 보는 대신, 우리는 세계가 다양하다는 사실, 그리고 독창적인 예술가들의 수만큼이나 많은 세계들이 우리에게 있다는 사실을 알게 된다.

절망의 순간,

끈기 있게
나를 축복하자

9

딱딱하고 단단한 것을 보면 어쩐지 감각도 감정도 없어 보인다. 예를 들어 거북의 등도 바위나 돌처럼 그럴 것 같다. 그런데 정작 바다거북은 등껍질을 가볍게 긁어주는 것을 좋아한단다. 심지어 잔가지처럼 섬세한 것이 등을 스치는 것도 느낄 수 있다고 한다. 사람의 손톱처럼 단백질 각질로 만들어졌고 세포와 신경도 있다. 또 척추와 흉곽에 붙어 있어서 절대로 기어 나올 수 없으며 파손되면 내장기관이 그대로 드러나 생존이 불가능하다. 우리가 알고 있는 거북의 등껍질은 껍데기가 아니라 몸의 일부였다. 몸의 일부라서 가볍게 긁어주는 것을 좋아하고, 잔가지처럼 섬세한 것이 등을 스치는 것도 느낄 수 있다.

딱딱하고 단단해서 자극을 느끼지 못할 거란 생각은 무지의 소산이었다.

체념은 절망이 남기는 그림자이다. 절망했기 때문에 어쩔 수 없이 체념하는 것이다. 체념하고 다른 살 길을 모색해봐야지 별 수 있나 하는 마음에서지만 생각해보라. 우리는 아무것에나 쉽게 절망하지 않는다. 절망했다는 것은 생에서 드물게 간절히 열망했었다는 뜻이다. 그럼에도 애써 체념한다는 것은 생물체가 무생물처럼 되기로 작정하고 심장을 돌덩어리처럼 딱딱하게 만들기로 했다는 소리나 마찬가지다. 가혹하다. 또한 불가능하다. 모든 살아 있는 존재는 생명에의 의지를 가지고 있어서 언젠가는 튀어오르며, 높이 날게 되어 있으니까. 그런데 그 언젠가란 가만히 앉아 기다린다고 저절로 오지 않는다.

인생이 나를 축복하지 않고 있다면 천사와 씨름하는 야곱처럼 받아내려고 하는 기세가 필요하다. 우리말에서 '씨름'은 어떤 대상을 극복하거나 일을 이루기 위해 온힘을 쏟거나 끈기 있게 달라붙는 것을 뜻한다. 야곱은 자신에게 벅찬 상대를 만나 밤새 씨름하면서 둔부의 뼈가 어긋나는 시련을 겪으면서도 끝까지 천사를 붙잡고 손을 놓아주지 않았다. 형 에서가 군대를 이끌고 죽이러 오는 절박한 순간에 천사에게 집요하게 갈구한 것은 힘도, 승리도 아닌 '축복'이었다. 그리고 끝내 받아내는 데 성공한다.

　간절히 희망하는 것이 있기에 절망한다. 절망의 고비는 희망을 품은 누구에게나 찾아온다. 그 고비를 넘지 못하고 체념으로 곤두박질쳐 무생물체가 되기로, 심장을 돌덩어리로 만들기로 작정하면 슬픈 일이다. 이 순간에 필요한 것은 '축복', 밖에서 저절로 주어지는 것이라는 생각을 버리고 내가 어떻게든 나를 끈기 있게 축복하는 것이다. 아직 끝장은 오지 않았으니 그토록 열망하던 것을 함부로 폐기처분하지 말자. 일단은 푹 쉬면서 내가 나를 축복할 수 있는 힘을 충전하자.

지금 내가 느끼는 감정을
적절한 어휘로 표현해보자!

(감각 어휘)

포근하다 ― 보드랍다 ― 부드럽다 ― 말랑말랑하다 ― 매끄럽
다 ― 몽글몽글하다 ― 몽실몽실하다 ― 간지럽다 ― 깔깔하다
― 까칠까칠하다 ― 깔끄럽다 ― 뻣뻣하다 ― 딱딱하다 ― 굳다
― 팽팽하다 ― 억세다 ― 거칠다

인간은 다른 포유류와 달리 털을 없애는 방향으로 진화했
는데 이는 피부 접촉, 즉 촉각과 관계가 깊다. '피부'는 인간의
몸에서 가장 무거운 감각기관이자 '밖으로 돌출된 뇌'로 불리
는데 그만큼 마음의 상태에 큰 영향을 준다. 피부에 위치한 신

경세포수용체 중에 하나인 'C- 촉각섬유'가 피부접촉을 통해
활성화되면 뇌에서 엔도르핀과 옥시토핀이 분비되어 안정된
기분을 이끌어낸다. 'C- 촉각섬유'는 지각보다 감정적인 특징
을 전달한다. 이를 '접촉위안'이라 부르는데 오직 애정을 담은
신체접촉을 통해서만 얻을 수 있다.

　　촉각을 통해 얻을 수 있는 위안을 감각 어휘로 표현하면
'포근하다'일 것이다. 포근하다는 '(옷이나 이불 따위가) 보드랍
고 포근하여 기분이 좋게 따듯하다'라는 뜻을 가지며 감정 어
휘로는 '감정이나 분위기 따위가 아늑하고 편안하다'는 뜻을
갖는다. '보드랍다' 역시 감각과 감정에 통용할 수 있는데 '(거
칠거나 딱딱하지 않고) 무르고 매끈매끈하다', '(사람됨이나 마음
씨가) 곱고 순하며 붙임성이 있다'는 뜻을 갖는다. '보드랍다'의
큰말이 '부드럽다'이며 감정 어휘로 쓸 때 곱다, 순하다, 상냥하
다 등과 비슷한 말이다.

　　포근하고 부드러운 감정을 느끼면 마음이 말랑말랑하고
매끄러워지는 것 같은데 이를 형용사로 '몽글몽글하다'라고 한
다. 몽글몽글해진 것에 더해 구름처럼 동글동글하게 맺혀서 가
볍게 떠오르는 듯한 기분을 느낀다면 '몽실몽실하다'라고 한
다. 간혹 보이지 않는 손이 간지럼을 태우는 것 같기도 하다.
'간지럽다'는 감각 어휘로는 '무엇이 살에 닿아 가볍게 스칠 때
처럼 견디기 어렵게 자리자리한 느낌이 있다'는 뜻이고 감정

어휘로는 정반대의 두 가지 뜻이 있다. [1]어떤 일을 하고 싶어 참고 견디기 어렵다. [2]몹시 어색하거나 거북하거나 더럽고 치사하여 마음에 자리자리한 느낌이 있다. '자리자리하다'는 '피가 돌지 못하여 자꾸 자린 듯하다'이다.

비슷하게 간지럼을 태워도 자리자리하다고 느끼는 이가 있는가 하면 깔깔하다고 느끼는 이가 있다. '깔깔하다'는 '감촉이 보드랍지 못하고 까칠까칠하다'는 뜻이다. '사람의 목소리나 성미가 보드랍지 못하고 조금 거칠다'는 의미로 '깔깔하다', '까칠까칠하다', '깔끄럽다' 등을 쓸 수 있는데 특히 성미에 적용해 쓸 때 '까다롭다'와 비슷한 말이다. 보드랍지 못하고 까칠까칠한 정도가 수위를 더하면 형태에 따라 '뻣뻣하다', '딱딱하다', '굳다', '팽팽하다' 등이 되고 여기에 조금 더 수위를 더하면 '억세다', '거칠다' 등이 된다. '거칠다'는 감각 어휘로는 '곱지 않고 험하다', 감정 어휘로는 '행동이나 성격이 사납고 공격적인 면이 있다'이며 사납다, 난폭하다, 위험하다, 힘들다, 세다, 비참하다 등과 비슷한 뜻을 갖는다.

짜증-분노-격노의 감정 어휘

> ### 흔히 '스트레스 받아',
> ### '짜증 나'라고 표현하는 말

□ **마음에 꼭 맞지 아니하여 발칵 역정을 내는 성**

짜증 / 신경질 / 역정

□ **몹시 마음에 들지 않거나 좋지 않은 기분이 일다**

언짢다 / 성(이)나다 / 화(가)나다 / 골(이)나다 / 부아(가)나다 / 뿔
(이)나다

□ **보기에 말이나 행동이 눈에 거슬려 몹시 미움을 받을 만한 데가
있다**

밉살스럽다 / 얄밉다 / 가증스럽다

□ **얄미울 정도로 매우 우쭐거리며 자랑하다**

뻐기다

—

똑같은 '자랑'이나 '과시'라도 보는 사람에게 기쁨의 감정을 주는 것이 있고
분노의 감정을 주는 것이 있다. 자랑과 관련한 여타의 어휘들과 달리 '뻐기다'
는 사전적으로 '얄밉다'는 감정을 분명히 하고 있어 흥미롭다.

□ **마음에 거슬려 은근히 화가 나다**

약오르다 / 비위(가) 상하다 / 아니꼽다 / 밉다

□ **(남에게) 예절이나 신의에 어긋난 짓을 당하여 분하고 밉살스럽다**

괘씸하다

□ **사람에 대한 예의나 배려를 속되게 이르는 말, 또는 그러한 예의
나 배려가 없는 사람을 속되게 이르는 말**

싸가지

□ **말이나 행동이 보잘것없고 떳떳하지 못하다**

좀스럽다 / 시시하다 / 구차하다 / 비리다 / 구리다 / 잘다

□ **잘고 인색하다**

쩨쩨하다 / 치사하다 / 잘다 / 좀스럽다 / 옹졸하다

□ **대단치 아니하거나 하잘것없다**

하찮다 / 우습다 / 시시하다 / 만만하다 / 가소롭다

□ **성미나 취향 따위가 원만하지 않고 별스럽게 까탈이 많다**

까다롭다 / 깔깔하다 / 만만찮다 / 복잡하다 / 어렵다 / 힘들다

□ **무난하거나 원만하지 못해 편하지 않다**

껄끄럽다 / 깔끄럽다 / 어색하다 / 거북하다

☐ **성나거나 못마땅해서 마음이 돌아서다**

삐치다 / 토라지다 / 틀어지다 / 엇나가다

☐ **아무 잘못 없이 꾸중을 듣거나 벌을 받거나 하여 분하고 답답하다**

억울하다 / 원통하다

☐ **억울한 일을 당하여 화나고 원통하다, 될 듯한 일이 되지 않아**
　 섭섭하고 아깝다

분하다

☐ **화가 치밀 만큼 분하고 섭섭하다**

노여워하다

☐ **몹시 분하게 여기어 성을 내다**

분노하다 / 분개하다 / 진노하다

☐ **쌓이고 쌓인 마음속의 화를 속되게 이르는 말**

울화통

☐ **마음을 조이고 정신을 바짝 차리다**

긴장하다 / 경직되다 / 스트레스를 받다

☐ **남을 성가시게 하는 것을 좋아하거나 남이 잘못되는 것을 좋아**
　 하는 마음이 많다

심술궂다 / 얄궂다 / 짓궂다 / 심통맞다 / 못되다

☐ **성미, 언행 따위가 모질고 억세다**

고약하다 / 사납다 / 흉악하다 / 흉측하다

—

'흉측하다'는 성미나 언행뿐 아니라 모습에 대해서도 쓸 수 있는데 이때는 모습이 보기에 언짢을 만큼 고약하다는 뜻으로 혐오의 감정이다.

☐ **마음에 들지 않아 좋지 않다**

못마땅하다 / 불만스럽다 / 불만족하다 / 떫다

☐ **마음에 들지 않아 좋지 않은 감정을 말이나 행동으로 드러내다**

불평하다 / 투털대다 / 투덜거리다

☐ **마음에 들지 않아 탓하거나 불평을 품고 미워하다**

원망하다 / 탓하다 / 비난하다 / 책잡다 / 책망하다

☐ **몹시 분하고 노여운 감정 따위가 세차게 일어나다**

격하다 / 사납다 / 격분하다 / 격앙되다 / 격양되다

☐ **기세가 몹시 사납고 세차다**

맹렬하다 / 격렬하다 / 억세다

☐ **슬픔이나 분노 등의 감정이 생겨나 터지기까지의 과정**

생기다 → 일어나다 → 올라오다 / 솟다 / 솟아오르다 → 끓다 → 북받치다 / 치밀다 → 터지다

—

'치밀다'와 '북받치다'는 감정을 아래에서 위로 힘차게 밀어 올리는 형세이다.

☐ 참을 수 없이 몹시 분하고 지긋지긋하다

치(가)떨리다

—

여기에서 '치'란 '치아'를 가리키는 말로 '이가 갈린다'와 비슷한 의미이다.

☐ 남이 저에게 해를 준 대로 저도 그에게 해를 주고자 하는 마음

복수심 / 보복 / 앙갚음

불안 - 공포 - 극심한 공포의 감정 어휘

흔히 '무섭다', '두렵다'라고
표현하는 말

☐ **마음이 편하지 아니하다**

불안하다 / 불안정하다 / 불편하다 / 걱정스럽다 / 거북하다 / 두렵다

―

'두렵다'는 슬픔의 감정과 공포의 감정에 두루 적용되는 대표적인 어휘다. 슬픔에 대해서는 '걱정스럽다'와 통하고 공포의 감정에 대해서는 '무섭다', '겁(이)나다'와 통한다. 때문에 '두려움'을 느낀다면 그 원인이 슬픔인지 공포인지 구분할 필요가 있다. 슬픔이라면 위로가 필요하고 공포라면 보호가 필요하기 때문이다. 물론 사람은 동시에 여러 가지의 감정을 느낄 수 있다.

☐ **어떤 대상에 대하여 꺼려지거나 무슨 일이 일어날까 겁나는 데가 있다**

무섭다 / 두렵다 / 불안하다

☐ **무섭거나 두려운 마음이 생기다**

겁(이)나다 / 공포스럽다

☐ **마음이 편하지 않아 속을 태우다**

걱정하다 / 애태우다 / 염려하다 / 우려하다 / 근심하다 / 고심하다 / 번
민하다

☐ **닥쳐올 일에 대하여 염려가 되어 마음이 불안하다**

조마조마하다 / 아슬아슬하다 / 초조하다 / 조마스럽다

☐ **마음이 조마조마하여 초조하고 불안하여 어쩌할 바를 모르다**

안절부절못하다 / 어쩔 줄 모르다

☐ **조마조마하여 졸이는 마음**

조바심 / 안달 / 감질

☐ **느낌이나 마음이 어수선하거나 술렁거리다**

뒤숭숭하다 / 불안하다 / 싱숭생숭하다

☐ **몹시 어수선하고 쓸쓸하다**

스산하다 / 을씨년스럽다

☐ **보기에 뒤죽박죽이 되어 어지럽고 질서가 없는 데가 있다**

혼란스럽다 / 혼돈하다 / 혼란하다

☐ **매우 다급하고 절박하다**

긴박하다

☐ 갑자기 정신이 아득하고 어지럽다

아찔하다 / 어찔하다 / 아득하다 / 아뜩하다

☐ 몹시 꺼려하거나 무서워하며 조심하다

전전긍긍하다 / 두려워하다

—

'두려워하다'에는 '무섭다' 외에도 '상대를 공경하고 어려워하다'는 뜻도 있다.

☐ 두려움이나 놀라움을 느낄 만큼 성질이나 기세 따위가 몹시 사납다

무섭다 / 무시무시하다 / 살벌하다 / 섬뜩하다 / 소름(이) 끼치다 / 오싹하다

☐ 인정이 없고 아주 모질다

잔인하다 / 무자비하다 / 가혹하다 / 무참하다 / 독하다 / 악독하다 / 잔혹하다 / 흉악하다 / 흉측하다 / 고약하다

☐ 겁을 주며 압력을 가하여 남에게 억지로 어떤 일을 하도록 하다

협박하다 / 위협하다 / 강박하다 / 강요하다

☐ 다른 사람을 볼 낯이 없거나 스스로 떳떳하지 못한 느낌이 있다

수치스럽다 / 부끄럽다 / 창피하다

—

수치심은 공포와 혐오의 이중감정이다.

☐ **저지른 잘못에 대하여 책임을 느끼는 마음**

　죄책감 / 죄의식 / 자책감

☐ **잘못이나 실수가 없도록 말이나 행동에 마음을 쓰다**

　조심스럽다 / 스스럽다 / 신중하다 / 긴장하다

☐ **바라볼 것이 없게 되어 모든 희망을 끊어버리다**

　절망하다 / 좌절하다

　—

　절망은 공포와 슬픔의 이중감정이다.

마음이 생명의 기운으로 가득한 빛으로 환해질 때가 있고
모든 생명의 기운이 다 꺼진 것처럼 어두워질 때가 있다.
빛의 밝기를 좌우하는 요소로 낭만과 신비, 놀라움, 시간,
노력, 보람, 자부심, 신념, 관심 등이 있으며
밝음이나 어두움의 정도에 따라 희망/절망, 자신감/자괴감,
존경/시기·질투·부러움, 기쁨/외로움 등을 느낀다.
그러나 우리는 어두움 속에서도 성장할 수 있으며
스스로 빛이 되어 주위를 환하게 밝힐 수 있다.

5장

'밝다'에서 '어둡다'까지,
그리고 그 사이

빛으로
신호를 보내는 감정

밝다 .... 어둡다

(감정)

희망 —— 절망

자신감 —— 자괴감

존경 —— 시기·질투·부러움

기쁨 —— 외로움

(빛을 좌우하는 요소들)

낭만, 신비, 놀라움, 시간, 노력, 보람, 자부심, 신념, 관심 ↑↓

(감각 어휘)

빛나다 ― 환하다 ― 밝다 ― 맑다 ― 투명하다 ― 산뜻하다 ― 깨끗하다 ― 시원하다 ― 선명하다 ― 눈부시다 ― 황홀하다 ― 흐리다(흐릿하다) ― 희미하다 ― 침침하다 ― 우중충하다 ― 칙칙하다 ― 어둑(어둑)하다 ― 컴컴하다 ― 깜깜하다 ― 캄캄하다 ― 어두컴컴하다 ― 아득하다 ― 감감하다 ― 까마득하다 ― 어둡다

삶에)

(즐거움을 주는
요소

1

'밝다'는 이성과 감각을 표현하는 데 두루 쓰며 풀이는 대략 이
러하다. '감각이나 지각의 능력이 뛰어나다', '생각이나 태도가
분명하고 바르다', '분위기·표정 따위가 환하고 좋아 보이거나
그렇게 느껴지는 데가 있다', '어떤 일에 대하여 잘 알아 막히
는 데가 없다' 등. 반대말인 '어둡다' 역시 이성과 감정을 표현
할 때 두루 쓸 수 있다. [1]분위기나 표정·성격 따위가 침울하고
무겁다, [2]사람이나 사회가 깨지 못하다, [3]어떤 분야에 잘 알지
못하다 등. 밝음과 어두움을 가늠하는 것은 '빛'이다. 빛이 있으
면 밝고 빛이 없으면 어둡다.

빛이 아주 많으면 눈부시고 황홀하며 찬란하다. '눈부시

다'는 '빛이 아주 아름답고 황홀하다'이고 '황홀하다'는 '빛이 어른어른하여 눈이 부시다'이며 '찬란하다'는 '빛이 눈부시게 아름답다'이다. 눈이 부시면 대상이나 사물을 똑바로 쳐다볼 수 없다. 마음에 이런 느낌을 일으키는 것들을 어휘로는 이렇게도 표현한다. 아름답다, 멋지다, 놀랍다, 굉장하다, 기막히다, 뛰어나다, 엄청나다, 대단하다, 훌륭하다 등.

　이러한 감탄은 기대 이상의 것을 마주했을 때 익은 열매가 터지듯 절로 나온다. 어떤 일이 원하는 대로 이루어지기를 바라면서 기다렸는데 눈앞에 펼쳐진 것이 그 이상일 때 짜릿한 전율과 함께 몸 안으로 빛이 쏟아져 들어오는 것을 느낀다. 태어나 처음 보거나 듣거나 하는 등의 경험일수록 빛은 더욱 강렬할 것이다. 놀람과 기쁨의 이중감정, 이럴 때 사람들은 감격에 겨워 크게 웃음을 터트리기보다 울음을 터트린다.

　우리가 어떤 행동을 할 때는 (좋아서 하든 억지로 하든) 보상에 대한 기대가 있다. 기대치에 따라 노력의 강도가 비례할 것이고 기대하는 것이 없다면 행동하지 않을 것이다. 기대 이상의 보상이 주어지면 피, 땀, 눈물이라는 긴 터널을 통과해 마침내 빛 속에 들어선 것 같은 황홀감을 느낀다. 성취에 따른 가장 큰 보상이다. 이러한 경험을 한 사람은 그 지점에서 멈추지 않는다. 새로운 목표를 설정하여 계속 나아간다. 황홀감이 종착지인 동시에 출발점이 되는 것이다. 반면에 보상이 기대에 미치지 못하면 마음에 빛이 꺼지는 것 같은 느낌과 함께 이제 그만 멈추고 싶은 피로와 무력을 느낀다.

이를 측좌핵의 자극으로 분비되는 도파민과 연관지어 이해해볼 수 있다. 뇌의 좌우에 신경이 모여 있는 곳인 측좌핵은 보상을 추구할 것인지 회피할 것인지 정하는 기능을 담당한다. 기대했던 보상이 주어지면 도파민이 분비돼 쾌락을 느낀다. 그런데 도파민은 보상이 주어졌을 때만 분비되는 게 아니라 기대할 때도 분비된다. 여러 차례 언급했듯 우리 뇌는 상상과 현실을 구분하지 못하기에 그 일을 그리는 것만으로도 이미 재미있고 맛있고 좋아서 도파민이 분비된다. 이것이 동기를 유발하는 데 크게 기여한다. 그런데 인간의 뇌(마음)란 역시 복잡해서 별다른 보상이 없을지 모른다고 여기면서도 행동하고는 한다. '호기심'이라는 감정의 복병 때문이다.

보상을 기대하고 추구하는 과정에서 또는 보상이 주어졌을 때 쾌락을 맛본 사람은 계속해서 이 과정을 밟아간다. 이전과 같은 방식이나 같은 보상으로는 쾌락을 느낄 수 없기에 새로움을 추구한다.

사람은 예측할 수 없는 상황에 놓이면 불안을 느낀다. 그 불안을 회피하기 위해 자신에게 익숙한 것을 좋아하고 편안해한다. 동시에 끝없이 새로움을 추구하는 욕구를 가지고 있다. 이 새로움은 인생에 즐거움과 활기를 줄 수 있는 이 세 가지와 연관이 있다. 낭만과 신비, 놀라움이다. 이것을 느낄 적에 우리는 어떠한가.

낯선 매혹이 주는 광휘가 나를 감싸 진흙탕 같은 현실에서 건져올리고 심장은 오로지 순수한 즐거움, 혹은 오로지 즐거운 순수함의 파동으로 박동하며 심장이 '쿵쾅!' 한 번 뛸 때마다 몸속에 깔려 있는 120,000km 길이의 정맥과 동맥, 모세혈관이 초속으로 이 경이로운 충격을 몸 구석구석으로 밀어 나른다. 어쩌면 머리카락과 속눈썹, 손톱과 발톱 끝까지! 한마디로, 구석구석까지 너무 분주하고 피로해서 지리멸렬한 나 같은 건 생각할 여유가 없다. 그 순간만큼은 자신을 잊어버린다. 나를 잊어버릴 수 있다면 가장 순수하게 즐겁다는 신호이다. 낭만, 신비, 놀라움을 모두 느낄 수 있는 새로운 경험, 내가 알고 있기로 이 세 가지만 한 게 없다. 사랑과 여행, 예술이다.

(성장하는 데
  찬란한 햇살만이

(답은 아니다

2

택시를 탔는데 장년의 운전기사가 밑도 끝도 없이 대뜸 이런
다. "제가 담배 끊은 지 30년이 넘었어요." 처음엔 나한테 하
는 말인가 통화중인가 싶어 어리둥절했다. 가만히 있기 뭐해서
"아유~ 잘하셨네요." 응수했더니 아랑곳하지 않고 말을 이어간
다. "술도 끊은 지 오래됐어요. 제가 젊었을 때는 술 담배 정말
많이 했죠." 그 어렵다는 술 담배 끊은 거 자랑하려나 보다 짐
작했는데 다음 말이 반전이었다. 냅다 격앙된 목소리로 이러는
게 아닌가. "괜히 끊었어요!"

　건강에 해롭다는 거 끊으면 좋지, 왜 괜히 끊었다 하시냐
묻자 속에 꾹꾹 눌러 담아둔 속상함을 토로하는 넋두리가 이어

졌다. "술 담배 하는 돈도 아까워서 딱 끊고 용돈도 아껴서 지난 30년간 한 달도 안 빼먹고 꼬박꼬박 생활비 갖다 줬어요. 아시죠? 대한민국에서 남자들 그렇게 살면 친구관계도 다 끊어집니다. 그런데 처자식 아무도 내 맘 몰라줘요. 나하고 말도 안 하려고 해요. 이렇게 될 줄 알았으면 하고 싶은 거 다 하고 살걸 그랬어요. 난 바보 같이 산 거예요."

남의 집안 사정을 한쪽 말만 듣고 섣불리 판단할 수는 없다. 그럼에도 한 가지 분명한 사실은 가족이 자기 마음을 몰라준다는 것이다. 서운한 감정이 30년이라는 결코 짧지 않은 지난 세월을 아쉽고 억울하게 만들어 "술 담배 괜히 끊었다!"는 한 문장이 되었고 난생처음 보는 사람한테 내뱉었다.

그러나 밑도 끝도 없는 것은 말이 아니라 감정이리라. 감정이 길을 잃어 갈팡질팡한다. 처자식이 대화를 피하는 것이 어제오늘 일이 아닐 텐데 오늘따라 유난히 억울하다. 지금까지 잘못 산 것 같은 불안까지 보태진다. 괜히 술 담배 끊은 탓을 한다. 이런 심정을 꾹꾹 눌러 담고 운전대를 잡아야 하는 심정이 오죽할까.

생각과 감정이 따로 가는 날이 있다. 그날의 운전기사를 예로 들면 감정은 자신이 잘못 살았다고 자책하지만 누가 뭐래도 그게 옳은 행동이라는 걸 스스로 잘 안다. 옳은 생각을 해서 옳은 행동을 했으니 가족에게 그에 부응하는 감정적 보상을 내심 기대했을 것이다. 그런데 보상은 기대만큼 이루어지지 않았고 빛이 꺼져버렸다. 가족에게 아무것도 아닌 존재로 부정당한 것 같은 분노와 무력감, 지금까지 뭘 위해 산 건가 싶은 회한, 앞으로는 무얼 바라보고 살아야 하나 싶은 절망감으로 마음이 어둡다.

택시에서 내리며 생각했다. 그의 지난날을 지켜 본 이들 중에 단 한 명이라도 증인 선서를 하듯 당신은 옳은 선택을 했고 열심히 살았다고 한 마디라도 말해주면 좋으련만…….

그러나 생명은 빛으로만 자라지 않는다. 붙잡을 수 있는 동아줄이 아무것도 없고 주위가 온통 희미하고 마음이 동굴 속처럼 컴컴할 때 나는 오래전 할머니가 안방 윗목에 두고 기르던 콩나물을 떠올린다. 시루를 덮은 검정색 천을 들출라치면 얼른 덮으라고 지청구를 하셨다. 내 눈엔 영 괴이했다. 다른 식물들처럼 햇빛을 받아야지 저 컴컴한 데 계속 있으면 죽지 않을까. 콩나물은 이불 덮고 잠만 자나. 물만 먹어도 살 수 있나. 신기하게도 콩나물은 컴컴한 데서 물만 먹는데도 쑤욱 쑥 잘 자랐다. 나중에 김승희 시인이 지은 〈콩나물의 물음표〉라는 시에서 콩나물 새싹을 '금빛 물음표'에 비유한 시구를 읽고 깨쳤다. 그것은 밝은 햇볕을 받고 자랐다면 갖지 못했을 금빛 물음표였다. 그 금빛 물음표로 자신을 덮은 검은 천장을 들어올린다.

또 여름 햇볕 받으며 자라는 파는 속이 텅 비어 있는데 반해 햇볕을 받지 못하고 어둔 곳에서 자라는 파는 속이 꽉 차 있다. 옛날에는 겨울에 채소가 부족하니까 땅에 움을 파고 파를 묻은 다음 어두운 색 천을 덮어 키웠는데 이렇게 기른 파를 '움파'라고 한다. 햇볕 한 조각 받지 못했는데도 하얗게 속살이 꽉 차 있어서 국을 끓여먹거나 전을 지져 먹으면 별미다.

이처럼 어둠은 물음표를 키우고 속을 꽉 채워간다. 콩나물의 물음표처럼 움파의 하얀 속처럼 금빛 물음표와 꽉 찬 속을 가진 인간으로 성장할 수 있기를 바라본다. 성장하는 데 꼭 찬란한 햇살만이 방법은 아니다.

‘시기’와 ‘질투’라는)

감정에 대하여)

3

자신이 가지고 싶은 것이나 이루고 싶은 것을 앞서 성취했다는 점에서 ‘존경’과 ‘시기’는 비슷해 보인다. 그러나 존경은 신뢰의 감정이고 시기는 분노의 감정이다. 존경하는 대상에 대해서는 그가 누리는 눈부시고 황홀하고 찬란한 결과에 대해 기꺼이 찬미할 수 있다. 충분히 그럴만한 자격이 있다고 믿어 의심치 않기 때문이다. 그러나 시기하는 대상이라면 달라진다. 도무지 그가 누리는 결과에 동의할 수 없고 왜 내게는 그럴 수 있는 기회가 주어지지 않는지 가슴에서 불이 치솟는다. 아이러니하게도 평등을 중요하게 여길수록 시기심을 느끼기 쉽다.

"모든 국민은 법 앞에 평등하다." 대부분의 입헌국가에 있는 헌법상의 원칙이다. 대한민국의 헌법 제11조는 이러하다. "모든 국민은 법 앞에 평등하다. 누구든지 성별이나 종교 또는 사회적 신분에 의하여 정치적·경제적·사회적·문화적 생활의 모든 영역에 있어서 차별을 받지 아니한다. 사회적 특수계급의 제도는 인정되지 아니하며, 어떠한 형태로도 이를 창설할 수 없다. 훈장 등의 영전은 이를 받은 자에게만 효력이 있고, 어떠한 특권도 이에 따르지 아니한다."

구구절절 빠짐없이 인류가 역사를 시작하고 한 번도 지켜진 적이 없다. (지켜졌다면 굳이 헌법에까지 명시하지 않았을 것이다.) 그 이유를 정곡으로 찌르는 폴란드 속담이 있다. "모든 사람이 다른 누구보다도 더 많이 평등하기를 원한다." 칸트도 비슷한 주장을 했는데 그에 따르면 평등이라는 가치가 애초에 시기와 경쟁심에서 출발했다는 것이다. 어느 누구도 자기보다 우월함을 허용하지 않으면서도 자기는 남들의 위에 서고자 하는 부당한 욕구, 만약에 다른 사람이 나보다 우위에 서려고 한다면 본인의 안전을 위해서 확보해두려는 방비책, 이것이 바로 평등이라는 가치이다. 그렇다면 평등은 인간의 본성에 위배되며 그만큼 현실적으로 불가능하기에 더 엄격한 사회적 감시가 필요하다는 뜻이 된다. 동시에 평등을 강조할수록 경쟁심이 가열될 수 있다. "저 사람도 했는데 나라고 못 하겠어?", "다른 사람은 하는데 왜 너는 못 해?" 하는 식으로 말이다.

세상이 나에게만큼은 다른 누구보다 더 많이 평등하기를 바란다. 그럴 수만 있다면 나도 얼마든지 상대를 꺾을 수 있을 것 같다. 이런 시기심은 성장의 원동력이 될 수 있다. 인간은 본능적으로 절대평가가 아니라 상대평가에 따라 발동한다. "나는 가진 게 충분해."가 아니라 "남보다 더 가진 게 많아."라는 만족감을 느끼기 원한다. 현대의 많은 산업이 인간의 시기심을 자극하는 마케팅으로 판매고를 올린다. "아직도 없으세요?" 같은 카피가 대표적이다. 이 제품을 먹거나 입거나 갖거나 살거나 하면 지인들이 부러워할 거라는 식의 광고는 아예 하나의 장르가 된 거 같다. 긍정적인 의미로든 부정적인 의미로든 시기심이 인간의 성장을 비롯해 산업의 성장까지 이끈다는 사실을 부정하기 힘들다. 그러나 오로지 누군가보다 위에 올라서는 것에 목표를 두는 승부는 양날의 검 같아서 지면 비참하고 이기면 허전하다. 무엇보다 '시기'와 '질투'라는 감정은 '화'와 닮아 자신을 불태워 잿더미로 만들 수 있어 궁극적으로 평안함과는 반대 지점에 있는 감정이다.

'시기'와 비슷한 말로 '질투'를 쓰기도 한다. 국어사전에서는 둘의 차이를 이렇게 둔다.

시기

남이 잘되는 것을 샘하여 미워함.

질투

**다른 사람이 잘되거나 좋은 처지에 있는 것 따위를
공연히 미워하고 깎아내리려 함.**

시기는 '남'이라 했고 질투는 '다른 사람'이라고 한다. 둘
다 자기 이외의 다른 사람, 자기와 관련이 없는 사람을 가리키
며 말맛의 차이일 뿐이다. 시기가 샘나서 미워하는 것인 반면
질투는 깎아내리려고까지 한다. 둘 다 자신이 갖지 못한 것을
가졌거나 이루지 못한 것을 이룬 상대에게 느끼는 '미움'이라
는 점에서는 같다. 그러나 질투심에는 시기심에 없는 '불안'이
나 '두려움'이 있다. 상대 때문에 내가 뒤처지거나 버림받을지
모른다는 감정이다. 그래서 상대가 가지거나 이룬 것을 깎아내
리고 헐뜯고 파괴하고 싶은 욕구를 느낀다. 질투에 관해서는
스피노자의 《에티카》에 나오는 이 구절이 적나라하다. "질투란
타인의 행복을 슬퍼하고 반대로 타인의 불행을 기뻐하도록 인
간을 자극하는 한에서의 미움이다." 질투로 번역된 '인비디아
Invidia'는 라틴어로 가톨릭에서 칠죄종七罪宗 중 한 가지인 용어
이기도 하다. 풀이는 이러하다.

다른 사람이 영성적으로나 세속적으로나 잘되는 것을 자기 것
의 손실인 것처럼 싫어하고 근심하는 생각. 남이 잘되는 것과

관계없이 내가 그만 못한 것을 싫어하고 근심하는 것은 질투
가 아니고 경쟁심aemulatio이라고 하여 죄가 아니다. 질투는 교
만에서 나오는 것으로 애덕에 위배된다. 질투는 미움, 훼방毀謗,
불의를 낳는다.

— 백민관, 《가톨릭에 관한 모든 것》

질투와 시기는 현재도 혼용하는 경향이 있지만 중세와 근
대에 (스피노자는 17세기 사람이다) 엄밀히 구분하지 않은 것으
로 보인다. 앞서의 인용문에서 '경쟁심aemulatio'을 '시기심'이
라고 풀이해도 무방할 것으로 보인다. 아이물라티오aemulatio는
라틴어로 경쟁(심)을 뜻하지만 질투·시기라는 풀이도 있다.

질투가 가톨릭에서 왜 일곱 가지 죄 중에 하나가 되었는지
는 구약성서의 카인과 아벨에서 유래한다. 카인과 아벨이 하느
님께 제물을 봉헌하자 카인의 제물은 받지 않고 아벨의 제물만
받았다. 이에 분노한 카인이 들에서 아벨을 죽인다. 성서에서
말하는 인류 최초의 살인사건이다. 하느님이 왜 아벨의 제물만
받았는지는 알 수 없으나 카인의 분노를 유발한 동기가 무엇인
지는 알 수 있다. 바로 '질투'이다. 질투는 분노의 감정이라고
만 하기에는 복잡한 감정이다. '자기효능감(자신이 어떤 일을 성
공적으로 수행할 수 있다고 믿는 기대와 신념) 저하'에 따른 공포
의 감정이 있고 '부러움'도 들어 있다. 만약 '자아존중감(자신이

사랑받을만한 가치가 있는 소중한 존재라고 믿는 마음)'이라는 심리적 지지대가 약해 자신의 '열등감(다른 사람에 비해 뒤떨어졌거나 능력이 없다고 생각하는 만성적 감정)'을 자극하는 대상이나 사건을 만나면 감정의 고삐를 놓아버리고 그야말로 '열폭(열등감 폭발)'하는데 이것이 과도한 질투나 분노, 애착 등의 감정으로 나타난다.

　　휴대전화가 등장하기 전까지만 해도 질투의 대상은 주로 주변 사람이거나 조금 넓어봤자 엄친아, 엄친딸 정도였다. 다양한 미디어와 SNS의 등장으로 내가 왜 나를 모르는 사람하고 비교하며 날마다 자기효능감, 자아존중감, 열등감 따위를 테스트 받아야 하는지 알 수 없는 순간이 늘어났고 가뜩이나 되는 일 없는 날에는 꽤 기분이 언짢다. "그건 네가 열등감이 있어서 그래.", "자격지심이냐?"라고 한다면 그렇게 말하는 사람이라고 과연 열등감이 없을까? 고대사회에서 제국의 통치자라면 없었을 것 같기도 하다. 율리우스 카이사르가 대표적이다. 그러나 능력을 중시하는 평등한 시대(이 말은 그 자체로 모순어법이다. 능력을 중시하는데 어떻게 평등하다고 할 수 있겠는가.)에 열등감이 없을 수가 없다. 한국처럼 경쟁이 치열하고 결과를 중시하는 사회에서는 자기효능감, 자아존중감, 열등감 등이 끊임없이 혼란을 겪고 자극을 받는다. (큰 둑도 개미구멍으로 무너진다는 속담은 여기에도 해당될 것이다.) 남이 잘나가는 것이 샘나고 공연히 미운 감정(시기심)이 드는 것은 자연스러운 귀결이다.

열폭하는 것은 다르다. 어떤 대상을 향한다면 자칫 '범죄'가 될 수 있다. 극단적인 사례가 앞서 카인과 아벨처럼 살인이고 흔한 사례가 '뒷담화'와 '악플'이다. 이들이 내세우는 기치가 있다. 바로 '정의'이다. 나는 옳고 내 생각은 옳고 내 주장도 옳고 그래서 이렇게 표현하는 게 마땅하다는 식의 삐뚤어진 정의이다. 악플의 대상이 셀럽일 경우는 도를 넘는다. 실언이나 실수도 놓치지 않고 우르르 몰려가 악성 댓글을 투하한다. 댓글들을 읽으면 욕설이나 저주의 수위도 수위려니와 본인이 정의의 사도라도 된 양 허영과 권위의식으로 그득하다는 점에서 섬뜩하다. 그들이 그토록 증오하는 꼰대들의 '권위의식' 말이다.

그들은 악플을 받는 대상이 실수나 잘못을 교정해서 더 나은 사람이 되기 바라지 않는다. 문제가 해결되길 바라지도 않는다. 이번 기회에 망하길 바란다. 합리적인 비판이 아니라 감정적인 악플을 퍼붓는 배경에는 상대에게 결함이 있어서가 아니라 자기감정의 문제라고밖에 볼 수 없다. 바로 '질투'다. "네가 나의 자기효능감, 자아존중감, 열등감을 타격했잖아. 그러면서 너는 그만큼 돈 많이 벌고 유명해진 거잖아. 그 대가를 치러야지." 이러한 기저에 "나의 생은 미친 듯이 사랑을 찾아 헤매었으나 단 한 번도 스스로를 사랑하지 않았노라(기형도 시, 〈질투는 나의 힘〉 중 일부)."가 없다고 부인할 수 있을까. 또한 표적이 되어 이런 악플을 허구한 날 받으면 강철 멘탈이라도 서서히 무너질 수밖에 없다. 큰 둑이 개미구멍으로 무너지는 것처럼.

자기효능감, 자아존중감, 열등감은 물론이고 열등감의 반대인 우월감조차 주관적 느낌이다. 남이 나에게가 아니라 내가 나에게 느끼는 감정이다. 자기효능감이 떨어진다고 능력 없는 사람이라는 뜻이 아니다. 자아존중감이 낮다고 사랑받을 수 없는 사람이라는 뜻이 아니다. 열등감이 있다고 다른 사람보다 열등하다는 뜻이 아니다. 마찬가지로 우월감이 있다고 정말로 다른 사람보다 우월하다는 뜻이 아니다. 지금 내 마음이 인정이나 사랑, 성취 등이 필요한 상태라는 것을 알려주는 감정의 신호이다. 우월감은 겸손을 필요로 하는 상태라는 신호일 것이다. 그러나 이런 감정이 대책 없이 오랜 기간 지속되면 결국 내가 나를 보는 감정 그대로 남이 나를 본다.

방송작가로 일하는 동안 함께 일한 연예인이나 진행자, PD, 작가에게 이따금 했던 말이 있다. "대중 앞에 나서는 직업을 가진 사람에게 자뻑(자아도취)은 필수예요. 부족한 걸 채우려고 하기보다 장점을 극대화하는 게 훨씬 효율적입니다. '나는 오늘 이걸 못 했구나.'가 아니라 '어제보다 오늘 이게 조금 좋아졌네. 아하 나는 이걸 잘하네.' 자기 장점을 아는 게 중요하죠. 그래서 잘하는 걸 계속 키우면 하는 사람도 재미있고 하는 사람이 재미있으면 방송도 좋아지겠죠."

　　방송 관련 직업군에게 한 말이지만 상관없이 시도해보면 좋은 방법일 것 같다. 물론 방송은 특성상 시청률이나 청취율로 결과를 빨리 보여줘야 하고 기대에 부응하지 못하면 프로그램 폐지나 제작진 교체라는 참담한 결과가 예고돼 있다. 그 압박감에 나를 향한, 그리고 동료를 향한 격려가 고작 두어 달을 넘기기 힘들고 "왜 못하냐고? 왜!" 속앓이를 하지만 그래도 계속 자뻑 타령만큼은 잊지 않는다. 나는 잘하고 잘할 수 있다는 자기도취는 일을 할 때 분명히 쓸모 있는 기운이다. (자뻑으로 밉상 되는 경우는 자기 과시하는 표현을 해서 그렇다. 입으로든 사진으로든 하지 말라.) 자기도취의 기운으로 매일 자기 앞에 버티고 선 담벼락을 밀어붙인다. 잘될지 말지 결과에 대해서는 알 수 없다. 운을 기대하지 않는다면 거짓말이지만 의존하지 않는다. 함께 일하는 동료들과 도모하는 게 낫다. 무엇보다 결과나 운이 어찌될지 걱정하는 데까지 쓸 기운이 모자라다. 남들이 나를 어떻게 생각하는지에 따라 흔들릴 기운도 없다. 충분히 먹고 자고 놀면서 충전할 기운 정도는 남겨놓아야 하니까. 몸과 마음의 에너지가 바닥나면 다 무너진다. 매일 새로 채우는 루틴을 가져야 한다. 이렇게 살다 보면 삶이 굉장히 심플해진다.

부러움은

분노와 슬픔의
이중감정이다

4

앞서 과시하는 표현을 하지 말라고 했는데 그렇다고 자랑을 하지 말라는 소리는 아니다. 자랑이야말로 사는 재미 중에 으뜸이 아니던가. 그래도 과시와 자랑은 구분해야겠다. '과시'는 상대에게 찬미를 받고 싶은 마음이고 '자랑'은 칭찬받고 싶은 마음이다. 과시하는 마음은 자기가 다른 사람보다 우위에 있음을 드러내기 위해 사실보다 과장하고 자랑하는 마음은 자기나 자기 주변에 생긴 훌륭한 일을 있는 그대로 알린다. 그렇지만 자랑도 과하면 잘난 척으로 비칠 수 있고 의도치 않게 누군가의 상처를 건드릴 수 있다. 예를 들어 난임으로 자녀를 갖지 못한 사람 앞에서 자녀 자랑을 하면 상대는 기쁨과 슬픔의 이중감정인 쓸쓸함을 느낄 것이다.

그래도 자기에게 또 가까운 사람에게 훌륭한 일이 생겨서 드러내어 자랑하고 축하하는 자리만큼 기쁜 자리가 있으랴. 자그마한 자랑거리라도 생기면 눈치 보지 말고 함께 기뻐해줄 수 있는 지인들을 초대해 자랑하고 축하받는 자리를 만들라고 권하고 싶다. 손톱은 슬플 때마다 돋고 발톱은 기쁠 때마다 돋으며 손톱은 발톱보다 빨리 자란다. 훌륭한 일이 생겨 함께 축배를 드는 자리는 오래도록 따스한 추억으로 남을 뿐 아니라 다시 시작될 노력의 여정에서 실망하거나 좌절하거나 부정적인 반응에 부딪힐 때 감정을 조절하고 극복할 수 있는 힘이 되어줄 수 있다. 그 힘의 정체는 '보람'이며 '자부심'이다.

보람

어떤 일을 한 뒤에 얻어지는 좋은 결과나 만족감.

자부심

자기 자신 또는 자기와 관련되어 있는 것에 대하여 스스로 그 가치나 능력을 믿고 당당히 여기는 마음.

그렇다면 질투와 비슷한 거 같지만 다른 감정인 '부러움'은 어떨까. 질투로 번역된 '인비디아Invidia'는 부러움, 선망을 뜻하는 영어 'envy'의 어원이기도 한다.

부러움

남의 좋은 일이나 물건을 보고
자기도 그런 일을 이루거나
그런 물건을 가졌으면 하고 바라는 마음.

'부러움'이라는 감정도 질투나 시기 못지않게 꽤 복잡하다. 남의 좋은 일이나 물건을 보고 질투나 시기를 느끼지 않고 순수하게 축하하면서도 나도 저럴 수 있으면 참 좋겠다 싶은 마음이 그림자를 드리운다. 부러움은 분노와 슬픔의 이중감정이다. 만약 자신과 동등하거나 혹은 불리한 조건에서 출발한 친구나 동료라면 딱히 시기나 질투도 아니고 부러움도 아닌 '씁쓸함'을 느낄 수 있다. 씁쓸함은 기쁨과 슬픔의 이중감정이다. 질투나 시기, 부러움 등은 경쟁심을 바탕에 둔 감정이다. 저 자리가 내 자리가 될 수도 있다는 가능성을 품는 것이다. 반면에 저 자리가 도저히 내 자리가 될 수 없다고 아예 기권 패를 하게 만드는 이들이 있다. 그런데도 불공평하다는 불평이나 절망은커녕 환희의 감정이 들게 한다. 눈부시고 황홀하고 찬란한 것을 마주하면 자신도 모르게 감탄과 함께 경의를 표하게 된다. 바로 '존경'이다.

1911년 프랑스 파리, 조르주 프티 갤러리에서 장 오귀스트도미니크 앵그르의 전시회를 열었다. 일흔일곱의 노인인 에드가 드가가 전시회 기간 내내 하루도 빼놓지 않고 방문했다. 앵그르는 드가가 가장 존경하는 화가였다. 당시 드가는 시력을 거의 잃어가고 있어서 그저 그림들 위로 손을 저어볼 뿐이었다. 보지도 못 할 그림을 왜 보러 왔을까. 그는 앵그르의 그림을 보기 위해서가 아니라 자신이 가장 존경하는 화가 앵그르에게 특별한 경의를 표하기 위해서 매일 찾았던 것이다. 눈먼 노인이 매일 전시에 와서 그림 위로 손을 젓는 모습은 여느 평범한 노인이라고 해도 가슴이 뭉클할 텐데 극도의 인간혐오로 평생 아무도 마음에 들이지 않은 채 고독하게 살던 드가였기에 더욱 뜨겁게 와닿는 이야기다. 동시에 드가가 화가로서 어떻게 높은 성취를 이룰 수 있었는지 알려준다. 질투나 시기 없이 다른 사람이 이룬 업적에 기쁨을 느끼고 겸허히 존경을 표하는 것은 그 안에 단단한 씨앗이 싹트고 있다는 징조이다. 그 씨앗에서 수십, 수백의 열매가 열릴 것이다.

　존경할만한 인물이 없는 세상이라는 말을 흔히 하지만 혹시 타인을 존경할 마음이 없어서는 아닐까. 존경하는 마음이란 세상과 사람을 고귀하게 보는 시선이고 자신을 낮출 수 있는 마음이며 계속 배우려고 하는 자세이다. 내 마음에는 질투나 시기의 대상이 많은가 존경의 대상이 많은가. 그 질문은 이 말과도 통할 것 같다. "오늘 얼마나 감탄했는가?"

당신이

자신감이 없는
이유

빛이 아주 많아 눈부시면 제대로 눈을 뜨고 쳐다볼 수 없지만 빛이 정도에 알맞으면 환하고 깨끗하며 시원하고 선명하다. '환하다'는 '표정이나 성격이 구김살 없이 밝다'이고 '깨끗하다'는 '마음이나 표정 따위에 구김살이 없다'이다. '시원하다'는 '말이나 행동이 활발하고 서글서글하다'이고 '선명하다'는 '산뜻하고 뚜렷하여 다른 것과 혼동되지 아니하다'이며 '산뜻하다'는 '기분이나 느낌이 깨끗하고 시원하다'이다. 호감형의 인간이다. 모두 자신감 있을 때 나오는 표정과 태도이다. 자신감을 사전에서는 이렇게 풀이한다. '어떤 일을 해낼 수 있다거나 어떤 일이 꼭 그렇게 되리라는 데 대하여 스스로 굳게 믿는 느낌.' 자신감이 있을 때 우리는 대범하고 너그럽게 일을 처리할 수 있는 여유 있는 태도를 지닐 수 있다.

자신감이 자존감에서 나온다고 할 수도 있겠다. 그러나 지닌 게 자존감뿐이라면 근자감(근거 없는 자신감)일 뿐이다. 경험하고 습득한 지식의 힘이 더 중요하다. 여기서 '지식'이란 '알고 있는 내용이나 사물'을 넘어 '배우거나 실천을 통하여 알게 된 명확한 인식이나 이해'를 뜻한다. 그럴 수 있기까지 필수 요소가 있다. 그것을 배우고 익히는 데 공들인 시간이다.

한 선수가 '경기에 나섰는데 긴장되고 떨린다면 연습부족'이라고 했던 말이 인상 깊었다. 충분히 연습했다면 상대선수가 누군지와 관계없이 긴장할 이유가 없다는 것이다. 긴장하지 않는다는 소리가 아니라 충분히 연습하고 노력한 자신에 대한 믿음으로 이겨낼 수 있다는 뜻이리라. 이런 마음 상태에서 덤처럼 따르는 '여유'는 대상이나 사물, 상황 등을 두루 살피고 멀리 내다볼 수 있게 해서 그것에 대해 맑고 선명하게 이해하고 판단할 수 있도록 도움을 준다. 자신감은 소질이 아니라 그간 공들인 시간과 노력에서 나온다.

자신감을 가지기엔 아직 물리적으로 부족한 경우가 있다. 이럴 때는 최선을 다해 도움을 청해야 한다. 자신을 낮춰 도움을 청하는 것까지가 노력이다. 도움을 청할 수 있는데 시도해 보지 않고 혼자 애쓴다면 노력을 다하지 않는 것이다. 같은 이유로 우리는 자신보다 어리거나 미숙하거나 약한 이가 최선을 다해 도움을 청할 때 응해야 할 의무가 있다. 여기서 응한다는 말은 무조건 들어주라는 소리가 아니라 물음이나 요구, 필요에 맞추어 대답하거나 행동한다는 뜻이다. 또한 당연히 들어주리라는 기대로 도움을 청하라는 의미가 아니다.

만약 자신감이 없다고 느낀다면 당연하다. 아직 경험이나 지식이 부족해서 그렇다. 얼마나 부족한가 하면 소질이 있는지 적성에 맞는지 판단할 근거조차 부족한 상태이다. 1978년 노벨 경제학상을 수상한 허버트 사이먼 박사가 인공지능을 연구하면서 실험한 연구결과에 따르면 한 사람이 인생의 과녁을 찾는 데 걸리는 시간이 10년, 그 분야에 전문적 지식이나 기술을 갖는 데 다시 최소 10년이 걸린다고 한다. 이에 따르면 10년도 해보지 않고 적성에 맞지 않는다거나 소질이 없다고 포기하는 것이나 겨우 10년 해놓고 다 아는 것처럼 행세하는 것 모두 이치에 맞지 않는다는 소리가 된다. 뒤집으면 어느 분야건 매일 서너 시간씩 10년 이상 하면 길이 보이기 시작한다는 뜻이 된다. 쉽지 않다. 차라리 적성에 맞지 않는다, 소질이 없다 등의 이유로 포기하는 게 쉽겠다. 인간에게는 에너지 최소화의 법칙이 있고 이에 따라 쉬운 길을 택하려는 습성이 있다. 그리고 대부분 실패의 원인은 먼저 회피하거나 빨리 포기하는 것에 있다. 이쯤에서 뜬금없는 질문 하나, 굳이 회피하지 않을 이유는 무

엇인가, 포기하지 않을 이유는 또 무엇인가, 그래버리면 편할
것을 왜 인내하고 노력하며 아등바등 살아야 하는가? 나의 이
런 오랜 의문에 대해 누군가 현명한 답을 들려주었다.

"당신이 스스로를 존경할 수 있게."

일부러라도 흔들려야 한다

6

하늘에 구름이나 안개 따위가 끼어 햇빛이 밝지 못하면 흐리다고 한다. 흐린 후에 밝아질지 어두워질지는 아직 예측하기 힘들다. 잡것이 섞여 깨끗하지 못할 때도 흐리다고 한다. 흐릴 대로 흐려지다가 잡것이 가라앉으면 맑아질 것이다. 불빛이 밝게 비치지 못할 때도 흐리다고 한다. 새 등으로 갈아 끼우면 될 것이다. 그 밖에 '기억력이나 판단력 따위가 분명하지 않다', '얼굴에 걱정스러운 빛이 있다' 등에 대해서도 '흐리다'고 표현한다. 분명하지 않고 어렴풋하거나 아리송하거나 가물가물하거나 희미하다. 안개를 닮았다. 안개는 흐린 상태를 표현하는 대표적인 메타포다.

하늘은 찬데 땅은 따뜻하거나 습해서 그 사이의 공기가 흔들려서 흐려진다. 온도의 차이가 클수록 안개는 더욱 짙어지고 시야는 흐려질 것이다. 희망과 현실의 온도가 많이 차이 날 때, 나와 당신의 온도의 차이가 또한 그러할 때 내 마음이 봄날의 새벽공기처럼 겨울날 창문에 김이 서린 것처럼 뿌옇게 흐리다. 제대로 앞이 보이지 않아 희미하다. 그 안에서 길을 잃는다. 손에 들고 있는 지도는 무의미하다. "사건을 해결하기 위한 방법으로 점술, 심령술, 독심술, 수정구슬 보기 등을 사용하는 것은 금물이다." 미국의 추리소설 작가 S. S. 밴 다인이 쓴 《추리소설 작법 20가지 규칙》에 나오는 여덟 번째 규칙인데 이 상황에서도 마찬가지다. 흐린 마음에서 길을 찾기 위한 수단으로 점술, 심령술, 독심술, 수정구슬 보기 등은 금물이다. 자신의 감각에 집중해 길을 찾아야 한다.

독일 화가 카스파 다비드 프리드리히의 그림 중 〈안개바다 위의 방랑자〉라는 작품이 있다. 높은 산의 정상에 올라 있는 남자는 뒷모습을 보이고 섰다. 저 멀리에 구릉이 가까이는 암석이 늘어섰고 발밑에는 안개가 자욱하다. 저 안개를 모두 헤치고 올라왔다. 그의 머리 위에 하늘은 맑다. 앞이 더 이상 흐리지 않다.

사는 동안 여러 가지 것에 흔들려 흐려진다. 그럴지라도 살면서 몇 번쯤은 앞이 보이지 않을 정도로 흔들려도 괜찮다.

아니, 내가 나를 흔들어 놓아서라도 흔들려봐야 한다. 비록 흔들리는 동안은 혼란스러울 테지만 키질을 하는 것처럼 쭉정이는 날아가고 알맹이만 남을 것이다. 무엇을 지켜야 하고 무엇을 추구해야 하는지 그래서 어떻게 인생이라는 길을 가야 할지 흔들리고 흐려진 다음에야 선명해진다. 흔들리지 않(아야 하)는 나이라는 불혹이 넘었건만 여전히 크고 작은 유혹과 분노에 흔들리는 나에게 칼 구스타프 융이 들려준 말이 있다.

"인생에 있어서 가장 크고 가장 중요한 문제는 근본적으로 해결할 수 없는 것이다. 이러한 문제들은 자동적으로 조절되는 체계에 처음부터 들어 있던 것들로서 결코 해결될 수는 없고 다만 초월할 수 있을 뿐이다. 보다 낮은 수준에서 고통으로 인해 심한 갈등을 일으키고 있는 감정들은 보다 높은 수준의 인격으로 보면 높은 산꼭대기에서 내려다보이는 계곡에 있는 폭풍우와 같다. 즉, 이것은 천둥, 번개가 없어진 것이 아니라 그것의 실체가 천둥, 번개 안에 있다가 그 위로 올라와 있는 것을 의미한다."

외로움이

나에게
가리키는 신호

7

해가 진 뒤에도 어둑발이 남아 사위가 어스레하다. 그 빛마저
완전히 사라지면 캄캄하다. '캄캄하다'는 '깜깜하다'의 큰말이
고 '깜깜하다'는 '아주 까맣게 어둡다'이다. 독일 킬에서 노르웨
이의 오슬로까지 페리를 타고 북해를 항해한 적이 있다. 첫날
밤, 딴에는 시원하게 탁 트인 밤바다의 정취를 느껴 보겠다고
갑판에 나갔다가 도리어 밀폐공간에 갇힌 듯 폐쇄공포까지 느
껴 허둥거리며 객실로 돌아온 적이 있다. 한 줌의 빛도 없는 상
태에서 눈을 꾹 감아보라. 딱 그 상태였다. 어디가 하늘이고 바
다인지조차 구분되지 않을 정도로 완벽한 어둠에 갇혀버린 것
같았다. 말 그대로 캄캄했다. 모든 것이 까마득해서 살았는지

조차 실감나지 않았다.

스무 살 적에 경험한 숨 막히는 어둠이 이것의 전주였다는 사실을 한참의 세월이 흘러서 깨달았다. "초강도의 외로움과 소망 없는 불행." '초강도의 외로움'은 황동규 시인이 '홀로움(외로움을 통한 혼자 있음의 환희)'이라는 시어를 탄생시킨 배경이고 '소망 없는 불행'은 오스트리아 작가 페터 한트케가 쓴 소설 제목이다.

외로움이 아픈 이유는 나 홀로 버림받았다는 느낌 때문이다. 어떨 때는 그들이 나를 발로 뻥 차서 허허벌판으로 나뒹굴어 떨어져버린 느낌마저 든다. 나는 저 멀리 저희들끼리 시시덕거리는 그들을 눈으로 훑는다. 그들과 나 사이에 물리적 거리는 팔을 뻗으면 닿을 만큼이나 심리적 거리는 무한대이다. 세상 사람들이 나에게 '외로움'이라는 유죄판결을 내려서 모든 위로와 호의가 떠나가 버린 것 같고 캄캄한 어둠에 갇힌 공포감이 든다.

인생이 영화나 드라마와 다른 점이 있다면 그 순간에 운명처럼 나타나서 나를 외로움에서 구원해주는 이가 좀처럼 등장하지 않는다는 것이다. 반면에 극도로 피로할 때, 불안할 때, 사고를 당하거나 아플 때, 사랑하는 이가 세상을 떠났을 때, 직장에서 해고당하거나 실패했을 때 등등 홀로 맞이해야 하는 일은 허다하다.

아무도 외로움을 반기지 않지만 외로움 역시 다른 감정과 마찬가지로 마음이 나에게 보내는 신호이고 귀 기울여 해석할 필요가 있다. 첫 번째는 홀로 있는 법을 배우라는 것이다. "혼자서도 무엇이든 잘해요."가 되라는 소리가 아니다. 아무도 나를 찾지 않고 내가 찾아도 아무런 응답이 없는 시간을 한동안 견뎌보라는 것이다. 외로움은 겨울 코트에 묻혀 들어오는 바람 냄새 같다. 아무리 따뜻한 데 있다가 온 척해도 코트에 묻은 찬 기운으로 얼마나 추운 데 있었는지 표가 난다. 그 찬 기운을 속이려고 사람 속으로 달려든다. 허겁지겁 사람을 찾거나 물건을 사들인다면 멀지 않은 곳에 외로움보다 더 아픈 '후회'라는 감정이 대기하고 있다.

차라리 외로움과 정면승부를 하기로 자처하면 '고독'이라 이름 붙일 수 있겠다. 고독은 감정의 해독요법이다. 그동안 사람(들)에 대해 켜켜이 쌓인 기쁨, 슬픔, 분노, 증오, 공포, 희망, 신뢰, 허무…… 많은 감정이 불필요한 살을 발라내고 하얀 뼈를 드러낸다. 이후로는 자신에게 닥쳐오는 감정을 보다 선명하게 느끼고 현명하게 해석할 수 있을 것이다. 그런데 그러는 와중에도 초강도의 외로움을 찍고도 빛나는 하얀 뼈가 있다. 여전히 기대를 버릴 수 없는 사람, 혹은 그 무엇이다. 자신에게 소중한 존재라는 뜻이다. 때가 되었다. 초대장을 발부하고 마음의 문을 활짝 열자. 그를 위해 만찬을 준비하자.

　　외로움이 나에게 보내는 신호 두 번째는 세상에 동참하는 법을 배우라는 것이다. 우리가 그토록 외로움에 시달리면서까지 다른 사람의 관심과 인정, 사랑을 바라는 것은 그들이 나를 비추는 거울이기 때문이다. 사람은 자신의 모습을 거울을 통해서만 볼 수 있고 이 거울 역할을 해주는 존재가 타인이다. 거울에 비친 자신의 모습이 형편없다면 위축되기 쉽고 거울 역할을 하는 사람들이 칭찬과 인정을 아끼지 않는다면 실제 모습이 다소 부족하더라도 자신이 괜찮은 사람이며 잘할 수 있다는 자신감을 얻을 수 있다. 외로움을 느낀다면 지금까지 거울 앞에 서서 막무가내 식으로 나에게 관심을 가져줘, 나를 지지하고 인정해줘, 나를 사랑해줘, 요구한 것은 아니었는지 이제부터는 어떻게 해야 서로 진정한 관심이나 인정, 사랑을 나누는 관계를 맺을 수 있을지에 대해 고민할 시점이다. 그들이 나의 거울이라면 나 역시 그들의 거울이다. 그들이 나에게 얼마나 소중한 존재인지 표현해야 한다.

　　외로움은 혼자라서 쓸쓸한 느낌뿐만이 아니다. 세대적인 단절, 일터를 비롯한 사회에서의 고립감, 학력이나 소득, 지식의 격차에서 발생하는 소외나 무시, 배제 등에서도 외로움이 발생한다. 사람은 너무 외로우면 화가 난다. 이런 자신을 방치하는 남들한테 화가 나고 아무도 돌보아주지 않는 스스로에게 '이런 내가 뭘 할 수 있겠어' 같은 혐오감에 사로잡히거나 더 이상 아무것도 하고 싶지 않은 무기력에 빠질 수 있다. 영국에서 2018년에 고독부 장관Ministry of Loneliness을 임명하고 일본에서 2021년에 '고독·고립 대책 담당실'을 신설한 것은 외로움이 이미 사회적인 현상이며 개인의 차원에서 해결하기 힘들다는 사실을 알린다. 특히 일본에서는 1인 가구의 죽음을 '고독사' 대신 '고립사'라는 용어를 사용하도록 하고 있는데 개인의 외로움보다 '사회적 관계의 단절'로 생긴 죽음이라는 의미를 부각하기 위해서이다. 또 영국에서는 외로움과 관련해 여러 정책을 수행하고 있는데 눈길을 끈 것은 SNS '#외로움에대해말해보자#Let'sTalkloneliness' 캠페인이다. 도움이 필요한 사람들이 스스로 문제를 드러낼 수 있도록 이끌고 외로운 사람들, 그중에서도 특히 가족에게 버림받은 사람들에 대한 고정관념을 깨는 데 목표를 두고 있다.

외로움은 '관심'이 필요하다는 점에서 개인의 문제다. 동시에 '관심'만으로 해결할 수 없다는 점에서 개인의 문제가 아니다. 외로움을 기분 문제로 과소평가하지 않고 혼자서 스스로 해결하기 힘들다는 인식을 널리 공유하는 공동체의 도모가 필요하다.

8

그는 천사 같은 그녀를 사랑했다. 마음 한번 제대로 전하지 못한 짝사랑이라서 그날 밤도 외로움에 몸부림치고 있었다. 벽을 사이에 둔 그녀의 방에서 정사를 나누는 듯한 야릇한 신음소리가 들리기 시작했다. 그의 순진한 가슴에 분노와 환멸의 소용돌이가 몰아쳤고 점점 더 격렬해지는 그녀의 음란한 신음소리가 그의 생에 최후의 일격을 가한다. 그의 표현에 따르면 구역질날 만큼 추잡한 세상과 헤어져버렸다. 여기까지가 현장에 나온 런던 경찰국 소속 법의학자가 청년의 유서를 통해 추정한 내용이다. 그런데 작가 로맹 가리는 놀라운 반전을 마련하고 있었다. 법의학자가 천사 같은 여자의 정체가 궁금해서 방문을 두드리지만 아무런 기척이 없다. 그래서 주인 여자를 시켜 열쇠를 따고 문을 열게 하는데 예상치 못한 진실이 눈앞에 모습을 드러낸다. 전날 밤 청년을 죽음으로 몰고 간 음란한 신음소리는 여자가 죽음의 고통 때문에 괴로워했던 소리였던 것이다. 그녀는 유서에 자살동기를 '외로움'이라고 적었다. 로맹 가리의 소설 《벽》에 나오는 이야기다.

벽 하나 사이에 두고 두 사람은 똑같이 외로워하고 있었다. 누구 하나 조금만 용기를 냈다면 상황이 달라졌을지 모르는데 각자가 각자의 벽에 갇혀 꿈쩍도 하지 않았다. 더구나 그 벽의 실체는 신음소리가 들릴 정도로 얇았다. 그다지 높지도 단단하지도 못 하면서 그렇다고 없는 것도 아니라서 끊임없이 갈등을 낳는 이 벽을 도대체 어쩌면 좋을까.

역사가 시사하는 진실이 있다면 벽은 부순다고 무너뜨릴 수 있는 게 아니라는 것이다. 무너뜨린 그 자리에 다른 이름의 높고 단단한 벽이 들어선다. 높은 벽 아래 햇볕 들지 않는 그늘이 길게 드리워진다. 그러나 제아무리 높은 벽이라도 담쟁이덩굴은 맹렬하게 타고 올라간다. 이름이 담쟁이…… 되뇔수록 신기한 이름이다. '쟁이'는 욕심쟁이, 겁쟁이, 고집쟁이, 떼쟁이처럼 '그것이 나타내는 속성을 가진 사람'의 뜻을 더하는 접미사인데 담 뒤에 붙어서 식물이름이 되었다. 담쟁이덩굴은 줄기가 너무 가늘어서 홀로 설 힘이 없다. 그래서 담장이나 나무줄기에 붙어서 자라며 10미터 정도는 너끈히 뻗어나갈 수 있고 덩굴을 뻗어내는 덩굴손에 있는 둥근 흡착근 덕분에 한 번 담벼락에 붙으면 쉽게 떨어지지 않는다. 눈칫밥 얻어먹는 객식구처럼 얌전하게 구는 게 아니라 손에 손을 잡고 세를 불려 그곳을 제 세상으로 만들어 마침내 거뜬히 품에 안아버린다. 담이 높을수록 담쟁이의 존재감은 더욱 뚜렷해진다. 담쟁이가 가르쳐준다. 벽은 밖에서 망치로 때려 부수는 게 아니라 함께 손을 잡고 넘어야 한다고.

어려서부터 자기 일은 자기가 알아서 하는 거라고 훈련받았다. 어른이 되면 알아서 해야 하는 자기 일의 범주가 "외로워도 슬퍼도"까지 넓어진다. 자신의 힘든 상황을 굳이 다른 사람에게 알릴 필요가 없으며 알려봐야 서로 우울하기만 할 뿐 뾰족한 수가 없다고 여긴다. 겉으로는 '폐를 끼치기 싫어서'라고 하지만 실은 '용기가 없어서'가 아닐까. 솔직한 사정을 털어놓으면 상대방이 뒷걸음질 칠까 봐, 돌아서서 깔볼까 봐…… 한편으로 다른 사람이 나에게 별다른 도움을 주지 못할 것이라는 오만도 없지 않다. 함께 힘을 합치면 혼자 짊어진 무게를 나눌 수 있다는 기대나 희망이 부족하거나 아예 없는 것이다. 감당하기 힘든 시련이 닥친다면 그런 믿음이 진실인지 거짓인지 부딪쳐보라는 신호이다. 나아가 먼저 손을 내밀어 도와달라고 말

하는 용기를 내보라는 신호이다. 곧바로 내 손을 잡아주는 이
가 없을 수도 있다. 세상은 언제나 호락호락하지 않으니까. 그
래도 쉽게 물러서지 말고 방법을 바꾸어 다시 용기를 내자. 그
렇게 간절히 바랄 때 손을 잡아주는 사람은 어디선가 뜻하지
않은 곳에서 반드시 나타난다. 그 기적 같은 감동을 경험한 후
에 삶은 두 번 다시 지독한 외로움과 설움의 터널 속으로 들어
가지 않을 것이다. 우리에게는 손을 뻗어 잡을 수 있고 함께 어
깨를 겯을 '사람'이 여전히 필요하다.

지금 내가 느끼는 감정을
적절한 어휘로 표현해보자!

(감각 어휘)

빛나다 — 환하다 — 밝다 — 맑다 — 투명하다 — 산뜻하다 —
깨끗하다 — 시원하다 — 선명하다 — 눈부시다 — 황홀하다 —
흐리다(흐릿하다) — 희미하다 — 침침하다 — 우중충하다 — 칙
칙하다 — 어둑(어둑)하다 — 컴컴하다 — 깜깜하다 — 캄캄하다
— 어두컴컴하다 — 아득하다 — 감감하다 — 까마득하다 — 어
둡다

'빛'은 '¹(태양, 별, 등불 따위에서 나와) 시신경을 자극하여
무엇을 알아볼 수 있게 하는 전자기파, ²물체가 광선을 흡수 또
는 반사하여 나타내는 빛깔, ³(표정이나 눈, 태도, 행동에서 느껴지

는) 기색이나 태도, [4]번쩍이는 광채, [5]무엇을 느끼게 하는 분위기 등'의 뜻을 갖는다. 또한 희망이나 영광 따위를 대체하는 대표적인 메타포로 '빛나다'는 '영광스럽고 자랑스럽고 아주 훌륭하게 보인다'는 뜻이다. 또한 물체의 색을 가리키는 어휘로 색깔, 빛깔, 빛 모두 통용할 수 있다. 빛이 비치어 맑고 밝으면 '환하다'라고 한다. '무슨 일의 조리나 속내가 또렷하다, 표정이나 성격이 구김살 없이 밝다'는 뜻으로도 쓰인다. 어둡던 곳이 환하게 되면 '밝다'라고 한다. 동사가 아닌 형용사로 사용하면 '[1](어떤 빛깔에서 받는 느낌이) 깨끗하고 산뜻하다, [2](분위기나 성격 표정 따위가) 즐겁고 명랑하다, [3](어떤 일에 관하여) 막힌 데 없이 잘 알다, [4](하는 일이) 바르고 떳떳하다, [5](앞날이) 기대할만한 상황이다 등'의 뜻으로 다양한 문장에 활용할 수 있다.

빛나다, 환하다, 밝다의 공통점이 있다. '맑다'와 '투명하다', '산뜻하다'이다. 어떤 사람이나 현상 등에 빛나거나 환하다고 느낀다면 그 성질이나 하는 일이 맑고 투명해서이다. '맑다'는 '잡스럽고 탁한 것이 섞이지 아니하다'이고 '투명하다'는 '속까지 환히 비치도록 맑다'로 곧잘 '분명하다'의 동의어로 쓰인다. 성질 등이 맑고 투명하면 보는 사람이 절로 산뜻하다. '산뜻하다'는 '기분이나 느낌이 깨끗하고 시원하다'는 뜻이다. 우리가 자주 사용하는 '깨끗하다'는 더럽지 않다는 뜻 외에 '(빛깔 따위가) 흐리지 않고 맑다'는 뜻도 있다. 온도 편에서 언급한 '시

원하다'는 '지저분하던 것이 깨끗하고 말끔하다'는 뜻도 가진
다. 성질에 쓰면 '활발하고 서글서글하다'이고 감정에 쓰면 '답
답한 마음이 풀리어 흐뭇하고 기쁘다'이다. 이처럼 산뜻하고 뚜
렷하여 다른 것과 혼동되지 아니할 때 '선명하다'라고 한다.

'눈부시다'는 '빛나다'에서 아름다운 느낌이 보태졌다. 우
리는 지극히 아름다운 것을 보면 웃음보다 도리어 눈물이 난다.
그 눈물의 맛은 억울하거나 화가 나서 흘리는 눈물과 달리 짜
지 않고 묽어서 물맛이 강하다. '아름답다'는 좋다, 곱다, 예쁘
다, 훌륭하다, 갸륵하다 등의 의미를 가지고 또한 그 모든 것이
기도 하다. '황홀하다'는 혹하고 달뜬 상태로 기쁨의 정점이다.
앞서 빛나고 환하고 밝은 것은 분명하다고 했는데 눈부시고 황
홀하면 오히려 분명함의 경계가 흐트러져 어릿어릿해진다.

'흐리다'는 '분명하지 않고 맑지 않다'이다. 이런 상태를
알리는 다른 형용사로 '흐릿하다', '희미하다', '어렴풋하다', '어
슴푸레하다', '흐리터분하다', '가물가물하다', '수리수리하다'
등이 있다. 빛이 더욱 약해지면 '침침하다'의 상태가 된다. 침침
한 날씨나 분위기에 대해서는 '우중충하다'라고도 하는데 오래
되거나 바래서 색깔이 선명하지 못한 것을 두고도 쓸 수 있다.
여기서 어두움의 농도가 더 짙어지면 '칙칙하다'이다. '산뜻하
다'의 반대말 정도가 되겠다.

이제 빛이 거의 사라졌다. 어둡다. 어두움을 나타내는 다

양한 어휘가 있으나 '빛'의 반대말, 빛이 상징하는 희망이나 영
광의 반대를 상징하는 또 다른 메타포이다. 어두워지기 시작할
때는 '어둑(어둑)하다'가 완전히 빛이 사라지고 암흑이 내려앉
으면 컴컴하고 깜깜하다. '컴컴하다'는 '아주 어둡다'이고 '깜깜
하다'는 '아주 까맣게 어둡다'로 깜깜하다의 센말이 '캄캄하다'
이다. '어두컴컴하다'는 '어둡고 컴컴하다'는 뜻이다. 마음에 빛
이 느껴지지 않는 상태를 감정 어휘로는 '암담하다'라고 한다.
희망이 없고 절망적인 상태이다. 상대적으로 거리가 멀어서 어
둡게 느껴지는 경우가 있다. '아득하다', '감감하다', '까마득하
다'라고 한다. 특히 감감하다는 '소식이나 연락이 전혀 없다'는
의미로도 쓸 수 있다.

승인 – 신뢰 – 존경의 감정 어휘

흔히 '좋다'고 표현하는 말

'인정'은 '어떠한 것을 받아들이다'이고 '승인'은 '어떤 사실을 마땅하다고 받아들이다'이며 '신뢰'는 '굳게 믿고 의지하다'이다. '존경'은 '남의 인격, 사상, 행위 따위를 공손히 받들다'이고 '숭배'는 '우러러 존경하다'이다.

☐ **행동이나 대상 등이 일정한 기준, 조건, 정도 따위에 모자라지 아니하다**

마땅하다 / 당연하다 / 옳다 / 알맞다 / 자연스럽다 / 지당하다 / 타당하다 / 바람직하다

☐ **어떠한 것을 받아들이다**

수용하다 / 인정하다 / 허용하다 / 용납하다 / 허락하다

☐ **어떤 사실을 마땅하다고 받아들이다**

승인하다 / 동의하다 / 허가하다

☐ **용납하여 인정하다**

　용인하다

☐ **어떤 사람이나 대상에 의지하여 그것이 기대를 저버리지 않을 것이라고 여기다**

　믿다 / 신뢰하다 / 확신하다 / 신망하다

☐ **남의 인격, 사상, 행위 따위를 공손히 받들다**

　존경하다 / 존대하다 / 공경하다 / 섬기다

☐ **우러러 공손히 받들다**

　숭배하다

☐ **품위나 몸가짐의 수준이 높고 훌륭하다**

　고상하다 / 고결하다 / 우아하다

☐ **뜻이 높고 위대하다**

　숭고하다 / 거룩하다

☐ **훌륭하고 귀중하다**

　고귀하다 / 존엄하다

☐ **착상이나 생각 따위가 쉽게 짐작할 수 없을 정도로 별다르거나 마음에 들 만큼 좋다**

기발하다 / 기상천외하다 / 신통하다

☐ **어떤 사람이나 사물 따위에 마음이 사로잡혀 쏠리다**

반하다 / 매료되다 / 매혹되다 / 도취되다 / 홀리다 / 혹하다

☐ **깊이 느끼어 마음으로 따르다**

감탄하다 / 찬탄하다 / 경탄하다 / 감복하다 / 탄복하다

☐ **스스로 자신을 낮추고 비우는 태도가 있다**

겸허하다 / 겸손하다 / 공손하다

☐ **어떤 일을 해낼 수 있다거나 어떤 일이 꼭 그렇게 되리라는 데 대하여 스스로 굳게 믿는 마음**

자신감 / 확신 / 여유

☐ **자기 자신 또는 자기와 관련되어 있는 것에 대하여 스스로 그 가치나 능력을 믿고 당당한 마음**

자부심 / 긍지

☐ **잘되는 것이나 좋은 것을 보고 자기도 그렇게 되고 싶다고 바라다**

선망하다 / 동경하다 / 부러워하다

☐ **다른 사람이 잘되거나 좋은 처지에 있는 것 따위를 공연히 미워하고 깎아내리려 하다**

질투하다 / 시기하다 / 샘내다 / 시샘하다

☐ **요구나 제의 따위를 받아들이지 않고 물리치다**

거부하다

☐ **어떤 내용이나 사실을 인정하지 아니하다**

부인하다

☐ **그렇지 아니하다고 단정하거나 옳지 아니하다고 반대하다**

부정하다

☐ **받아들이지 않고 물리치다**

배척하다 / 배격하다 / 배제하다 / 거부하다

신경 쓰임 – 놀람 – 깜짝 놀람의 감정 어휘

> # 흔히 '놀랍다',
> '충격적이다'라고 표현하는 말

☐ **신경(이) 쓰이다**

마음이 쓰이다

—

거슬리는 느낌이라면 혐오의 감정이고 눈길이 가는 느낌이라면 관심의 감정이다.

☐ **마음이 이끌리는 데가 있다, 흥을 느끼는 재미가 있다**

흥미롭다

☐ **무엇이 알고 싶어 마음이 몹시 답답하고 안타깝다**

궁금하다

—

좋아하거나 모르는 것을 알고 싶어 하는 마음이 '호기심'이라면 무엇이 알고 싶어 마음이 몹시 답답하고 안타까운 마음이 '궁금증', 또 어떤 대상에 마음이 끌린다는 감정을 수반하는 관심은 '흥미'이다.

☐ **전에 본 기억이 없어 익숙하지 아니하다**

    낯설다 / 생소하다 / 설다 / 서투르다

☐ **마음이 선뜻 내키지 않아 싫은 느낌이 있다**

    뜨악하다 / 꺼림칙하다 / 께름칙하다 / 미심쩍다 / 찜찜하다

☐ **이럴 수도 없고 저럴 수도 없어 처신하거나 처리하기 어렵다**

    난처하다 / 거북하다 / 곤란하다

☐ **나타나는 모양이 아주 뜻밖이고 갑작스럽다**

    느닷없다 / 난데없다 / 돌연하다 / 뜬금없다

☐ **전혀 생각이나 예상을 하지 못함**

    의외 / 뜻밖 / 예상외 / 웬일

    —

    헷갈리기 쉬운 '왠일'은 비표준어이다.

☐ **일이 너무 뜻밖이다**

    어이없다 / 어처구니없다 / 생뚱맞다 / 뚱딴지같다 / 엉뚱하다

☐ **어떠한 일이 놀랍거나 언짢아서 어이없다**

    기막히다

☐ **뜻밖의 일이나 무서움에 가슴이 두근거리다**

놀라다

☐ **숨이 막힐 듯이 갑작스럽게 겁을 내며 놀라다**

기겁하다 / 경악하다 / 질겁하다 / 자지러지다 / 기함하다

—

비슷한 뜻으로 쓰는 '아연실색하다'와 '혼비백산하다', '기절초풍하다'는 고사
성어에서 유래한 한자어로 '아연실색하다'는 '뜻밖의 일에 얼굴빛이 변할 정
도로 놀라다', '혼비백산하다'는 '몹시 놀라 넋을 잃다', '기절초풍하다'는 '기절
하거나 까무러칠 정도로 몹시 놀라 질겁을 하다'이다.

☐ **놀라거나 다급하여 어찌할 바를 모르다**

당황하다 / 당혹하다 / 어리둥절하다 / 얼떨떨하다 / 벙벙하다 / 우두망
찰하다

☐ **몸을 움츠리며 갑작스럽게 놀라다**

흠칫하다 / 움찔하다

☐ **어떤 일에 놀라 가슴이 설레다**

철렁하다

☐ **몹시 놀라거나 불안하여 가슴이 자꾸 뛰다**

두근거리다 / 두근두근하다 / 두근대다 / 울렁거리다 / 울렁대다 / 일렁
거리다 / 일렁일렁하다

☐ 믿을 수 없을 정도로 색다르고 놀랍다

신기하다 / 신비롭다 / 경이롭다

—

단순히 별나거나 색다른 것을 칭할 때는 '이상하다', '별나다', '별다르다', '유별나다', '색다르다', '독특하다' 등이라 하고 여기에 놀라움이 더해지면 '신기하다' 등으로 표현한다.

☐ 매우 드물거나 신기하다

희한하다

—

헷갈리기 쉬운 '희안하다'는 비표준어이다.

인간이라는 존재는 여인숙과 같다.
매일 아침 새로운 손님이 도착한다.

기쁨, 절망, 슬픔
그리고 짧은 순간의 깨달음이
예기치 않은 방문객처럼 찾아온다.

그 모두를 환영하고 맞아들이라.
설령 그들이 슬픔의 군중이어서
그대의 집을 난폭하게 쓸어가 버리고
가구들을 몽땅 내가더라도.

그렇다 해도 각각의 손님을 존중하라.
그들은 어떤 새로운 기쁨을 주기 위해
그대를 청소하는 것인지도 모르니까.

어두운 생각, 부끄러움, 후회
그들을 문에서 웃으며 맞으라.
그리고 그들을 집 안으로 초대하라.
누가 들어오든 감사하게 여기라.

모든 손님은 저 멀리에서 보낸
안내자들이니까.

— 〈여인숙〉, 13세기 페르시아 시인 잘랄라딘 모하마드 루미

감정 어휘

초판 1쇄 발행 2022년 6월 10일
초판 23쇄 발행 2024년 9월 5일

지은이	유선경

펴낸이	한선화
편집	이미아
디자인	여만엽
홍보	김혜진
마케팅	김수진

펴낸곳	앤의서재
출판등록	제2022-000055호
주소	서울 서대문구 연희동 11가길 39, 4층
전화	070-8670-0900
팩스	02-6280-0895
이메일	annesstudyroom@naver.com
인스타그램	@annes.library

ISBN 979-11-90710-41-1 03180

• 이 책은 저작권법에 따라 보호받는 저작물이므로
  무단 전제와 복제를 금합니다.
• 책값은 뒤표지에 있습니다.
• 파본은 구입하신 서점에서 바꾸어드립니다.